So kocht Südtirol

Brot

BROT IST EIN STÜCK LEBENSGLÜCK.

Heinrich Gasteiger Gerhard Wieser Helmut Bachmann

So kocht Südtirol

Brot

Heinrich Gasteiger Gerhard Wieser Helmut Bachmann

Traditionell, gesund und vollwertig, mit raffinierten Aufstrichen

ATHESIA VERLAG

Online-Kochservice
Wenden Sie sich an uns, wenn Sie Fragen haben. Anregungen sind jederzeit willkommen.
info@so-kocht-suedtirol.it · www.so-kocht-suedtirol.it

sokochtsuedtirol

Einfach QR-Code scannen und auf unserer Internetseite informieren.

Brot – als Beilage oder solo – immer ein Genuss

Beim Geruch von frischem Brot, der durch die Küche zieht, läuft wohl jedem von uns das Wasser im Mund zusammen. Brot steht eigentlich bei allen Mahlzeiten auf dem Tisch. Es ist und bleibt – auch unter modernen ernährungswissenschaftlichen Aspekten – ein wichtiges Grundnahrungsmittel. Ein Beweis dafür ist die große Sortenvielfalt. Schauen Sie sich einmal in Ihrer Bäckerei um. Sie werden staunen, wie viele verschiedene Brotsorten es dort gibt: Weißbrot, Schwarzbrot, Mischbrot, Vollkornbrot, Spezialbrote, Semmeln, Kornspitz, Mohn-, Sesam- oder Dinkelbrötchen, um nur einige zu nennen.

Doch Brot ist nicht gleich Brot. Deshalb wollen wir Ihnen in diesem Buch zeigen, wie Sie die verschiedenen Sorten selber backen können, ganz ohne Konservierungsstoffe oder Geschmacksverstärker. Sie brauchen dazu nur Mehl, Wasser, Hefe oder Sauerteig und Salz.

Mit diesem Buch gelingen Ihnen im Handumdrehen leckere Sonntagsbrötchen oder rustikale Brote. Wir geben Ihnen viele Tipps zu den Grundzutaten, zur Teigführung und zum Backen. Denn es braucht nicht viel, damit Sie Ihre Küche in eine Backstube verwandeln können!

Lassen Sie sich von unseren Rezepten inspirieren und probieren Sie auch einmal etwas Neues aus. Es muss nicht immer Weißbrot sein!

Brot allein ist uns aber noch nicht genug. Deshalb haben wir für Sie auch eine Reihe von Aufstrichen ausprobiert, die besonders gut zu unseren Brotrezepten passen. Sie finden unsere besten Rezepte für einen klassischen Aufstrich bzw. für etwas exotischere Varianten ebenfalls in diesem Buch.

Wir wünschen Ihnen viel Spaß beim Backen und Genießen!

Helmut Bachmann — Gerhard Wieser — Heinrich Gasteiger

INHALT

Wissenswertes

UNSER TÄGLICHES BROT – GESCHICHTE UND BEDEUTUNG

Brot ist nicht irgendein Lebensmittel, sondern seit vielen tausend Jahren unser wichtigstes Grundnahrungsmittel. Wie wichtig es uns ist, zeigen die Begriffe „Brotzeit“ oder „Abendbrot“, die einen festen Platz in unserem Sprachgebrauch haben. Redewendungen wie „seine Brötchen verdienen“ oder „brotlose Künste“ drücken aus, ob jemand in der Lage ist, für seinen Lebensunterhalt zu sorgen.
Getreide bzw. Körner standen schon in der Steinzeit auf dem Speiseplan. Sie wurden zerrieben, mit Wasser vermengt und als Brei gegessen. Irgendwann landete etwas Brei auf einem heißen Stein oder blieb in der Sonne liegen und wurde fest: **Der Fladen war geboren.** Das älteste Fladenbrot stammt nachweislich aus dem 4. Jh. v. Chr.
Im alten Ägypten war Brot **nicht nur Nahrungs-, sondern auch Zahlungsmittel**. So bekamen Beamte ihren Lohn in Form von Brot und bezahlten ihre Steuern mit dieser Währung. Archäologische Funde beweisen, dass es bereits damals gesäuertes und ungesäuertes Brot gab. Das heißt, schon die Ägypter kannten die Methode der Gärung, durch die das Brot eine schöne, lockere Krume und eine knusprige Kruste bekommt.
Die Römer verbesserten die Brotherstellung durch die **Erfindung** von Mühle, Knetmaschine und **Kuppelbackofen**. Doch mit dem Untergang des römischen Reiches geriet das Wissen um die Herstellung von Sauerteig und die Brotvielfalt in Vergessenheit.
Der Getreidebrei wurde bis zum Mittelalter wieder das Hauptnahrungsmittel der Menschen. Nachdem man durch das Studium römischer Schriften in den Klöstern den Sauerteig wieder entdeckte, wurden verschiedene Mehle zu Brot verbacken. Brot aus weißem Mehl war allerdings sehr teuer und den hohen Herrschaften vorbehalten. Die Bauern mussten sich mit Brot aus Hafer und Roggen begnügen.
Brot spielt als göttliches Symbol in vielen Religionen eine wichtige Rolle. Zu besonderen religiösen Anlässen wurden spezielle Brote (sogenannte Gebildebrote) gebacken. Brot wurde eine besondere Schutzfunktion zugesprochen und auch heute ist es noch üblich, jemandem zum Einzug ins neue Heim Brot und Salz zu schenken.

Alles zum Brotbacken ...

DIE HOSTIE

Im christlichen Glauben ist das ungesäuerte Brot in Form der Hostie das Symbol für den Leib Christi, das bei der Feier des Abendmahls gebrochen wird. Und Millionen Christen beten weltweit im Vaterunser: „Unser tägliches Brot gib uns heute“.

Getreidefeld bei St. Valentin oberhalb von Seis – im Hintergrund das Schlernmassiv mit Santnerspitze

VOM GETREIDE ZUM BROT

Auch wenn jeder von uns seine Lieblingsbrotsorte hat, können wir uns doch alle auf ein paar Qualitätskriterien für ein gutes Brot einigen.
Brot sollte gut schmecken, ein gutes Aroma haben, optisch ansprechend und **frei von künstlichen Konservierungsstoffen** sein. Bei der Entscheidung für eine bestimmte Sorte spielen die Beschaffenheit der Krume bzw. die Farbe und Konsistenz der Kruste eine große Rolle.
Ein gutes Brot enthält eigentlich nur vier Zutaten: Mehl, Wasser, Salz und Lockerungsmittel (Hefe oder Sauerteig). Aus diesen Grundzutaten kreiert der Bäcker durch die Variation von Getreidearten, Mehltypen, Lockerungsmitteln und weiteren Zutaten wie Körnern, Samen, Nüssen, Trockenfrüchten, Gewürzen, Kräutern usw. immer neue Brotsorten.

Getreide

Typische Brotgetreide sind Weizen und Roggen. Sie zeichnen sich durch besonders gute Backeigenschaften aus und werden in der Backstube auf verschiedene Weise weiterverarbeitet.

Weizensorten

Weichweizen besitzt einen **hohen Gehalt an Klebereiweiß** (Gluten), das dafür sorgt, dass Weizenteige sehr elastisch und gut formbar sind. Brot aus Weizenmehl ist wegen seiner besonders lockeren und leichten Krume sehr beliebt.
Einkorn ist die **Urform des Weizens**. Die Körner haben sehr harte Spelzen (Schalen), die vor dem Mahlen entfernt werden müssen. Einkorn enthält mehr Mineralstoffe und Aminosäuren als Weizen. Die gelbe Farbe des gemahlenen Einkorns kommt vom Betacarotingehalt.
Emmer zählt ebenfalls zum **Urgetreide.** Trotz schlechterer Klebereigenschaften wird Emmer ebenfalls zum Brotbacken verwendet. Er verleiht Vollkornbroten einen nussigen Geschmack.
Kamut® (Khorasan-Weizen) ist eine alte Sommerweizensorte, die in Nordamerika biologisch angebaut wird. Kamut® **zählt zu den Hartweizensorten** und besitzt **sehr gute Klebereigenschaften**.
Dinkel ist ein Spelzgetreide aus der Gattung des Weizens. Die Schale, die das Korn dieser sehr alten Getreidesorte vor Pilz- und Schädlingsbefall, aber auch vor Witterungseinflüssen schützt, muss vor dem Mahlen entfernt werden. Unreif geernteter und gedarrter Dinkel wird **Grünkern** genannt und ist sehr

Die Pseudogetreidesorten (v. l. n. r.) Quinoa und Amarant sowie die Urgetreide Kamut® und Emmer sind vielfältig verwendbar.

gut verdaulich. Allerdings kann man mit Grünkern kein Brot backen, er wird auf andere Weise zubereitet.

Roggen

Roggen ist eine sehr widerstandsfähige Getreidesorte. Sie ist nicht so anspruchsvoll wie Weizen und kann sogar bis auf 1800 m Meereshöhe wachsen. Bis weit ins 20. Jahrhundert war Roggen das wichtigste Brotgetreide in Deutschland. Im Gegensatz zu Weizen enthält Roggen weniger Proteine, hat aber einen höheren Anteil an Enzymen und Schleimstoffen (Pentosane). Beim Backen mit Roggen muss immer Sauerteig zugefügt werden, da dieser den Stärkeabbau durch die Enzyme verhindert.

Gerste

Gerste, eine der ältesten Getreidesorten, eignet sich wegen ihres geringen Glutenanteils nur in Verbindung mit anderen Getreidearten zum Backen. Aus Gerste wird das in der Backstube eingesetzte Backmalz gewonnen.

Hafer

Hafer kann ebenfalls nur als Beimischung zum Brotbacken verwendet werden. Er ist die ernährungsphysiologisch wertvollste europäische Getreideart. Hafer wird nur entspelzt, aber nicht geschält, sodass die Vitamine in der äußeren Kornschicht erhalten bleiben. Die Körner werden vor allem in gewalzter Form als Haferflocken verwendet. Hafer verleiht Backwaren einen nussigen Geschmack.

Hirse, Reis und Mais

Diese Getreidearten sind **glutenfrei** und eigenen sich für die Herstellung glutenfreier Backwaren. Da sie **kein Klebereiweiß** besitzen, sind daraus gefertigte Teige flüssig und nicht formbar. Sie müssen immer in einer Form verbacken werden.

Pseudogetreide

Unter diesem Begriff werden **kohlenhydrathaltige Pflanzen** zusammengefasst, die wie Getreide aussehen und in Backwaren als Getreideersatz verwendet werden. Zu dieser Gruppe gehören die Fuchsschwanzgewächse **Amarant** und **Quinoa**, die beide aus dem Andengebiet stammen und oft als Inka-Getreide bezeichnet werden. Ein heimisches Pseudogetreide ist der **Buchweizen** aus der Familie der Knöterichgewächse.

BUCHWEIZEN, IDEAL FÜR DIE GESUNDE ERNÄHRUNG

Buchweizen hat einen nussigen, leicht bitteren Geschmack. Er wird als ganzes Korn, Mehl, Flocken bzw. Grütze angeboten. Buchweizenkörner kann man für Salate, Suppen oder Beilagen verwenden bzw. aus dem Mehl Pfannkuchen oder Waffeln herstellen. Da Buchweizen kein Klebereiweiß enthält, ist er allein nicht backfähig. In Teigen aus Weizen, Dinkel oder Roggen sorgt er für ein nussiges Aroma.

GETREIDEANBAU IN SÜDTIROL

Das 2011 ins Leben gerufene Projekt „Regiokorn“ soll den Getreideanbau in Südtirol beleben. Mittlerweile bauen ungefähr 60 Bauern im Vinschgau, Pustertal und Eisacktal auf etwa 70 Hektar Roggen und Dinkel an. Das Korn wird regional gemahlen und in ca. 40 Südtiroler Bäckereien verarbeitet. Brot aus Regiokorn-Getreide ist frei von Geschmacksverstärkern, Konservierungs- und anderen chemischen Zusatzstoffen.

MEHL

Ganze Getreidekörner können von unserem Körper nicht verdaut werden. Deshalb werden sie in einer Mühle vermahlen. Sie durchlaufen dabei verschiedene Mahldurchgänge, bei denen neben Mehl auch andere Mahlerzeugnisse wie **Kleie, Schrot, Grieß und Dunst** entstehen.

- **Mehl:** höchster Zerkleinerungsgrad, Teilchen sind kleiner als 0,15 mm (150 µm)
- **Dunst:** feinkörnig, liegt zwischen dem Zerkleinerungsgrad von Mehl und Grieß (0,15–0,3 mm)
- **Grieß:** körnig (schalenfrei), die Körner sind nicht so stark zerkleinert wie bei Dunst oder Mehl (Teilchen = 0,3–1 mm)
- **Schrot:** grob zerkleinerte geschälte und ungeschälte Körner; je nach Art der Zerkleinerung unterteilt man in Grob-, Normal- oder Feinschrot
- **Kleie:** Sammelbegriff für die Bestandteile des Getreidekorns, die nach dem Mahlen zurückbleiben; ballaststoff-, mineralstoff- und eiweißreich; kann Teigen zugefügt werden bzw. wird bei deren Verarbeitung verwendet

WAS IST VOLLKORNMEHL?

*Bei **Vollkornmehl** handelt es sich um Mehl aus dem ganzen Korn (egal ob Weizen, Roggen oder Dinkel). Da Mehlkörper, Schale und Keimling vermahlen werden, ist Vollkornmehl besonders reich an Mineralien, Ballaststoffen sowie Vitaminen. Vollkornmehl trägt keine Typenbezeichnung.*

Zum Bearbeiten des Teigs sollte man die Arbeitsplatte bemehlen.

Mehltypen

Mehl, die Hauptzutat für unser Brot, wird zum einen nach der Getreidesorte unterteilt und zum anderen nach dem Ausmahlungsgrad. **In den deutschsprachigen Ländern haben helle Mehle eine niedrige Typenzahl. Je höher die Typenbezeichnung, desto dunkler ist das Mehl**, und zwar wegen des höheren Anteils der mineral- und ballaststoffreichen Randschichten.
Die in Österreich übliche Unterscheidung in glatt, griffig bzw. doppelgriffig bezieht sich auf die Korngröße. **Glattes Mehl ist am feinsten**. Doppelgriffiges Mehl wird auch als Dunst oder „Wiener Grießler“ verkauft. **In Südtirol unterscheidet die Firma Rieper das glatte Mehl Type 00 noch einmal nach Farben** (Blau und Gelb) der Verpackung. Gelb steht dabei für eine höhere Backqualität.

[1] Glutenfreier Sauerteig aus Kastanienmehl und Quinoa (siehe Seite 51)
[2] Apfel-Sauerteig (siehe Seite 80)
[3] Roggen-Sauerteig (siehe Seite 51)

UNTERSCHIEDLICHE BEZEICHNUNG DER MEHLTYPEN

Die Tabelle ist der Versuch, die unterschiedlichen Typenbezeichnungen zu erklären bzw. zu vergleichen. Uns ist bewusst, dass diese Einteilung unvollständig ist.

ITALIEN	DEUTSCHLAND	ÖSTERREICH	SCHWEIZ
Weizenmehl			
tipo 00 (Gelb, Blau)	*Type 405*	*Type W480/glatt*	*Spezialmehl*
tipo 0 (Rot)	*Type 550*	*Type W480/griffig oder doppelgriffig*	*Weißmehl*
tipo 2	*Type 1050*	*Type W1600*	*Ruchmehl*
integrale (Dunkelrot)	*Vollkornmehl*	*Vollkornmehl*	*Vollkornmehl*
Roggenmehl			
tipo 0 (Grün)	*Type 997*	*Type R500*	–
tipo 1	*Type 1150*	–	*Type 1100*
integrale	*Vollkornmehl*	*Type R2500*	*Type 1900*

TROCKENHEFE

Trockenhefe besteht wie Backhefe aus lebenden Zellen (Pilzen). Für ihre Herstellung wurde der frischen Hefe Wasser entzogen. Trockenhefe ist im Gegensatz zu frischer Hefe länger haltbar. Allerdings sollte man beim Backen damit ein paar Dinge beachten.

- *Die beste Triebkraft hat sie bei Temperaturen von 27 bis 29 Grad.*
- *Auch Trockenhefe sollte gekühlt gelagert werden.*
- *Ein Päckchen Trockenhefe (7 g) hat dieselbe Triebkraft wie etwa 20 g frische Hefe.*
- *Der Teig sollte nach dem Verkneten etwa 1 Stunde aufgehen. Allerdings sollte er nicht zu lange ruhen, da sich sonst die Triebkraft der Trockenhefe verringert.*

HEFE (GERM)

In Deutschland, Österreich und der Schweiz wiegt ein Hefewürfel 42 g. In Italien werden Hefewürfel mit einem Gewicht von 25 g verkauft.

HEFE, SAUERTEIG UND CO.

Hefe, Sauerteig oder eine **Mischung aus beidem** bewirken als Backtriebmittel die Lockerung des Teiges.
Ein weiteres Lockerungsmittel ist Backferment. Es handelt sich dabei um ein Pulver aus inaktiven natürlichen Mikroorganismen, die durch die Zugabe von Mehl und Wasser aktiviert werden.

Die Zugabe von **Hefepilzen** (Backhefe) bzw. **Milchsäurebakterien** (Sauerteig) bewirkt einen Gärungs- und Säurebildungsprozess, bei dem die Kohlenhydrate aus dem Getreide vergoren werden. Die dabei entstehenden Kohlendioxid-Gase lockern den Teig auf. Weizenbrote werden meist mit Hefe gebacken.
Für Roggenbrote benötigt man Sauerteig, da Roggen erst durch die Versäuerung backfähig wird. Die Verwendung von Sauerteig erfordert eine **lange Teigführung**, sprich lange Ruhephasen, in denen der Teig aufgehen kann. Dabei sorgt die Milchsäuregärung dafür, dass das Getreide optimal für die menschliche Verdauung aufgeschlossen wird. Aus diesem Grund ist **Sauerteigbrot sehr bekömmlich**. Außerdem entstehen bei der Lockerung mit Sauerteig über 300 verschiedene Aromen, die

für den unvergleichlichen Geschmack sorgen. **Sauerteigbrot bleibt darüber hinaus** länger **frisch und schimmelt nicht so schnell.**

LIEVITO MADRE

Eine besondere Art des Sauerteigs ist die ***Lievito Madre*** *(Mutterhefe), bei deren Herstellung ganz auf den Einsatz von Hefe verzichtet wird. Sie enthält neben Mehl und Wasser noch Honig und Olivenöl. Lievito Madre kann für Hefegebäck, helle Brote, Pizza oder als Sauerteigersatz für dunkle Brote verwendet werden. Lievito Madre gibt es in Pulverform im Handel (z. B. im Bioladen).*

GEWÜRZE BRINGEN ABWECHSLUNG INS BROT

Schon im Mittelalter fügte man dem Teig verschiedene Gewürze zu. Man wollte damit den muffigen Geschmack von altem Brot überdecken. Heute, wo Brot immer frisch gebacken und verzehrt wird, dienen die Gewürze im Brot der Geschmacksvielfalt.

In Norddeutschland wird Brot traditionell nur Salz zugefügt. In Süddeutschland, Österreich und Südtirol würzt man den Teig zusätzlich mit Kümmel, Anis, Koriander, Fenchelsamen, Neugewürz (Piment) oder Brotklee.

Neben den typischen Brotgewürzen gibt es viele Zutaten, mit denen sich Brotteige aromatisieren lassen.

Traditionelles Südtiroler Schüttelbrot

- Ölsaaten wie Leinsamen, Sesam, Mohn, Sonnenblumen- bzw. Kürbiskerne sind eine Bereicherung fürs Brot. Allerdings muss man sie vor der Zugabe zum Teig mehrere Stunden in kaltem Wasser quellen lassen (Brüh-, Koch- oder Quellstück), da sie sonst zu viel Feuchtigkeit aufnehmen und den Teig trocken machen würden.
- Nüsse, Trockenfrüchte (Feigen, Äpfel, Birnen oder Rosinen), Oliven, Käse, Gemüse (Zwiebeln, Tomaten bzw. Peperoni) oder Speck und andere Wurstwaren bringen ebenfalls Geschmack ins Brot.
- Durch die Zugabe von Kurkuma (Gelbwurz), Gemüsesäften (Spinat, Rohnen), Tomatenmark, Kürbispüree, Aktivkohlepulver oder Seppia-Tinte kann man Brotteig einfärben.

BROTKLEE

In Südtirol ist die Verwendung des sehr würzigen und verdauungsfördernden Brotklees (Trigunella caerulea), *auch* Zigeunerkraut *oder* Schabziger Klee *genannt, besonders beliebt. Die getrocknete und zerkleinerte Pflanze gibt* ***Vinschgerlen, Pusterer Breatlen*** *und* ***Schüttelbrot*** *den typischen Geschmack. Eigentlich stammt die Pflanze aus dem östlichen Mittelmeerraum bzw. Kleinasien. Bei uns wächst sie bis auf etwa 1200 m Meereshöhe, vor allem im Hochpustertal bzw. im Vinschgau. In Südtirol verwendet man die zerkleinerten, getrockneten Blätter und Stiele. In der Schweiz würzt man mit dem Samen den „Schabziger Käse". Brotklee hält sich – luftdicht, dunkel und kühl gelagert – sehr lange, ohne das Aroma zu verlieren. Wegen seines intensiven Geschmacks sollte man Brotklee nur in geringer Menge zum Brotteig geben (ca. 4–7 g pro Kilo Roggenmehl).*

Brotklee wird im Sommer geerntet. Verwendet werden die getrockneten Blätter und Stiele.

WAS MUSS BEIM BROTBACKEN BEACHTET WERDEN?

Brotbacken erfordert ein wenig Übung und die Beachtung einiger Regeln. So sollten die drei Arbeitsschritte – Teigherstellung (**Kneten**), **Teigruhe** und **Backen** –, die für das Gelingen des Brotes notwendig sind, sorgfältig ausgeführt werden.

Teigherstellung (Kneten)

Der Bäcker mischt Mehl, Salz, Lockerungsmittel und Wasser mithilfe verschiedener Knetmaschinen. Für den Hausgebrauch tut es auch **eine gute Küchenmaschine**, deren Knetfunktion reguliert werden kann. Die Möglichkeit, verschiedene Stufen einstellen zu können, ist wichtig, weil unterschiedlich zusammengesetzte Teige auch unterschiedlich lange und stark geknetet werden müssen.
Weizenmehlteige bekommen eine stabile Krume, wenn sie lange und schnell geknetet werden. **Roggenmehlteige** werden eher langsam verrührt. Wer keine Küchenmaschine hat, kann den Brotteig auch **mit der Hand kneten**. Allerdings ist das wesentlich anstrengender und dauert länger.

Teigruhe

Die Teigruhe hat einen entscheidenden Einfluss auf die Beschaffenheit des Brotes. In der Ruhezeit laufen biochemische Prozesse ab, die für die Beschaffenheit von Krume und Kruste verantwortlich sind.
Vor- oder Sauerteige müssen bereits am Vortag angesetzt werden, um diese Prozesse anzuregen. Aber auch der Brotteig braucht zwischen den einzelnen Bearbeitungsschritten Phasen, in denen er aufgehen kann.
Nachdem alle Zutaten gut verknetet sind und der Teig geruht hat, wird er portioniert und in Form gebracht. **Diesen Vorgang nennt man rund wirken.**
Damit alle Brotlaibe gleichmäßig backen, müssen die Teiglinge gleich groß und schwer sein.
Auch an das Formen schließt sich eine Ruhe- bzw. Gärphase an (Stückgare genannt), bei der das Volumen der Teiglinge deutlich zunimmt. Der Teig bekommt hier seine endgültige Lockerheit.

GÄRKORB (SIMPERL)

Da die geformten Teiglinge beim Gehen „auseinanderlaufen", d. h. ihre Form verlieren, sollte man für die Stückgare am besten einen Gärkorb verwenden. Gärkörbe aus Peddingrohr oder Holz gibt es in vielen Größen und Formen. Zur Not tut es auch eine Schüssel, die mit einem mit Mehl bestaubten Küchen- oder Mulltuch ausgelegt ist.
Den rund gewirkten Teigling legt man so in den Gärkorb, dass die Oberseite nach unten zeigt. Vor dem Backen nimmt man den Teigling vorsichtig heraus und legt ihn auf ein heißes Backblech oder in einen heißen Topf aus Gusseisen.

Nach der ersten Teigruhe wird der Teig vorsichtig gefaltet und gedehnt.

Temperatur und Zeit

Eine wichtige Rolle beim Reifeprozess des Teiges spielen die Faktoren Temperatur und Zeit. Je länger ein Teig geführt wird, desto besser können die Mikroorganismen die Kohlenhydrate zerlegen und umso bekömmlicher wird das Brot. Da die Gehzeit aber nicht nur von der Raumtemperatur abhängt, sondern auch von der Teigzusammensetzung und -konsistenz (Hefemenge, Mehlsorte, Quellstücke), sollte man sie immer den jeweiligen Bedingungen anpassen. Eine Faustregel besagt: Man sollte den

Festere Teige lässt man vor dem Backen in einem Gärkörbchen gehen, weichere Teige werden in einer Form gebacken.

GUT ZU WISSEN

Um den optimalen Gärgrad zu bestimmen, drückt man den Finger leicht in die Teigoberfläche.

- *Geht die Delle sofort in den Ausgangszustand zurück, ist der Teig noch nicht genug gegangen, er ist „untergarig".*
- *Wenn die Delle sichtbar bleibt, sollte der Teigling sofort in den Ofen geschoben werden, da er sonst „übergarig" wird und beim Backen auseinanderläuft.*
- *Der ideale Backzeitpunkt ist dann, wenn die Delle langsam zurückgeht. Der Teigling ist in diesem Fall „knapp gar" bzw. „dreiviertelgarig".*

Teig so lange gehen lassen, bis sich sein **Volumen um zwei Drittel vergrößert** hat.
Um den richtigen Zeitpunkt für den Backvorgang nicht zu verpassen, ist etwas Übung notwendig. Denn wenn der Gärvorgang vorzeitig abgebrochen wird, **bricht das Brot auseinander** bzw. wird nicht so locker. Und wenn der Teig zu lange gärt, **fällt das Brot** beim Backen **zusammen**.

Backen

Damit das Brot eine schöne Optik bekommt bzw. sich sein Krustenanteil vergrößert, wird die Oberfläche mit einem **scharfen Messer** eingeschnitten. Auf diese Weise verbessert sich auch die Qualität der Krume.
Je nach Brotsorte werden Brote und Brötchen vor dem Backen **mit Wasser besprüht** bzw. mit Ölsaaten bestreut

Viele Backöfen – zum Beispiel die der Firma Küppersbusch – haben ein eigenes Brotbackprogramm. Besonders gut gelingt das Brot, wenn der Backofen nicht nur über Heißluft, sondern auch über eine Dampffunktion verfügt. Das Brot bekommt auf diese Weise eine schöne braune Kruste und eine luftige Krume.

GUT ZU WISSEN

Vor dem Backen werden die Teiglinge mit einer scharfen Schere oder einem scharfen Messer eingeschnitten.

Form aus Lochblech zum Backen von Baguettes – die Teiglinge behalten so ihre längliche, dünne Form.

oder **mit Mehl bestaubt**. Dadurch erhalten sie ihr charakteristisches Aussehen.

GUT ZU WISSEN

Die Temperatur und die Backdauer haben nicht nur Einfluss auf den Geschmack, sondern auch auf die Konsistenz und die Farbe des Brotes. Ideal sind Temperaturen zwischen 225 und 250 Grad. Dann wird die Krume großporig und die Kruste entwickelt Aroma- sowie Röststoffe. Besonders schön wird die Kruste bei freigeschobenen Broten, d. h. Broten, die nicht in der Form, sondern mit Abstand zueinander gebacken werden.

Tipps

- Besonders gut gelingt Brot in einem **Dampfbackofen,** der für die nötige Feuchtigkeit beim Backen sorgt. Wer keinen hat, sollte eine feuerfeste Form mit Wasser auf den Boden des Backofens stellen bzw. regelmäßig etwas Wasser mit einer Sprühflasche im Backofen verteilen.
- Man kann das Brot auch in einem **Topf aus Gusseisen** backen. Der heiße Topf wirkt wie ein Ofen im Ofen. Da das Brot mit geschlossenem Deckel gebacken wird, übernimmt der Wasserdampf, den der Teig abgibt, das Bedampfen.

Um festzustellen, ob das Brot fertig gebacken ist, verwendet man die sogenannte Klopfmethode. Da die Beurteilung der Kruste bzw. der Bräunung keinen Aufschluss über das Innere des Brotes gibt, klopft man mit dem Fingerknöchel auf die Unterseite des Brotlaibes. Wenn es hohl klingt, ist das Brot fertig, sonst muss es noch ein paar Minuten im Backofen bleiben. Profis messen die Kerntemperatur im Inneren des Brotes, um den richtigen Zeitpunkt zum Herausnehmen nicht zu verpassen. Sie sollte bei 95–99 Grad liegen.

Nach dem Backen lässt man das Brot **auf einem Gitter auskühlen**. Glattes, unbemehltes Brot bekommt einen besonders schönen Glanz, wenn es sofort nach dem Herausnehmen mit einer Mischung aus Kartoffelstärke und Wasser (der sogenannten Glanzstreiche) bestrichen wird.

BROT AUS DEM AUTOMATEN

Wer es eilig hat, aber trotzdem sein eigenes Brot backen will, der sollte dazu einen Backautomaten benutzen. Man gibt alle Zutaten in das Gerät und nach etwa 3 Stunden ist das Brot fertig. Brotbackautomaten mit Timer kann man am Abend befüllen, dann hat man am nächsten Morgen frisches Brot zum Frühstück. Der Nachteil beim Automaten besteht darin, dass man nur kastenförmige Brote backen kann und die Kruste wegen der fehlenden Oberhitze nicht so knusprig wird.

BROTSORTEN

In unseren Bäckereien gibt es unzählige Brotsorten, die sich nicht nur in ihrer Form (oval, rund, eckig, Zopf oder Kranz) bzw. Größe unterscheiden, sondern auch durch die verwendete **Getreidesorte**, die **Mehltype** bzw. die eingesetzten **Lockerungsmittel**. Die Vielfalt ist schier unüberschaubar und immer wieder kommen neue Sorten dazu.

Die Brotsorten lassen sich grob in folgende Kategorien unterteilen:

- **Weizenbrot** besteht zu 90 % aus **Weizenmehl** und als Treibmittel wird meistens Hefe verwendet. Weizenbrot zeichnet sich durch eine helle Krume und eine goldbraune Kruste aus. Typische Vertreter sind Weißbrot, Toastbrot, Baguette und Ciabatta. Da helles Weizenbrot sehr rasch austrocknet, sollte man es **so schnell wie möglich essen.**
- **Roggenbrot** enthält mindestens 90 % Roggenmehl. Es wird immer **mit Sauerteig** gebacken, da Roggen anders nicht backfähig ist. Roggenbrot ist kräftig und säuerlich im Geschmack und die Krume hat eine festere Konsistenz. **Roggenbrote bleiben – richtig gelagert – lange frisch.**

Brotgrammel zum Schneiden von hartem Brot

- **Mischbrot** besteht meist aus Weizen-, Dinkel- und Roggenmehl. Je nach dem, wie hoch der Roggenmehlanteil ist, wird zur Teiggärung eine Mischung aus Sauerteig und Hefe verwendet. Mischbrote mit einem hohen Weizenanteil schmecken milder, haben aber nur eine kurze Haltbarkeit.
- **Vollkornbrot** muss 90 % Vollkornmehl (Weizen- oder Roggenvollkornmehl bzw. eine Mischung aus beiden) enthalten. Die Farbe des Brotes hängt vom Ausmahlungsgrad des Getreides ab – also davon, ob **fein vermahlenes Korn** oder **Schrot** bzw. **ganze Körner** verwendet wurden. Da Vollkornbrot alle Kornbestandteile enthält, ist es reich an wertvollen Nährstoffen. Es bleibt am längsten frisch.
- **Spezialbrote** enthalten neben Brotgetreidemehl noch weitere pflanzliche bzw. tierische Zutaten, zum Beispiel Leinsamen, Speck, Oliven, Nüsse o. Ä. Zu den Spezialbroten gehören auch Brotsorten wie **Knäckebrot** oder **Pumpernickel,** bei denen spezielle Methoden der Teigführung bzw. des Backverfahrens zur Anwendung kommen. Brote, die für eine bestimmte Zielgruppe gebacken werden, zum Beispiel für Menschen, die sich eiweißarm oder **glutenfrei** ernähren müssen bzw. sensibel auf Hefe oder Sauerteig reagieren, zählen ebenfalls zu dieser Gruppe.

DIE BROTWELTMEISTER

Im deutschen Brotregister sind über 3000 verschiedene Brotsorten aufgeführt. Deutschland ist damit Brotweltmeister. 2014 wurde die deutsche Brotkultur in die UNESCO-Liste des immateriellen Kulturerbes aufgenommen.

Egal, ob Weizen-, Roggen- oder Mischbrot, Brot gehört zu jeder Mahlzeit dazu.

BROT – EIN GESUNDES NAHRUNGSMITTEL

Weißbrot gehört in den Ländern des Mittelmeerraums zu jedem Essen.

In den letzten Jahren sind viele Bücher erschienen, in denen unser Brot für gesundheitliche Probleme verantwortlich gemacht wird. Doch nicht das Brot, sondern einzelne Getreidebestandteile (z. B. das Klebereiweiß Gluten) sind der Auslöser von Krankheiten wie z. B. Zöliakie.

Genauso falsch ist es, Brot als Dickmacher anzuprangern. Im Gegenteil: Brot ist ein sehr wertvolles Lebensmittel! Das erkannte schon der griechische Arzt Anthimus, der um 500 n. Chr. schrieb: „Vor allem esse man weißes, gut gesäuertes Brot, nicht ungesäuertes; und gut gebacken soll es sein: denn wenn es nicht gut aufgegangen ist, liegt es schwer im Magen. Was den [Weizen] betrifft, so ist er stärker als Gerste, er ist nahrhafter, wird aber nicht so gut verdaut [...]. Mischbrot ist freilich nahrhafter und sorgt für eine bessere Verdauung.“ (in: Lorscher Arzneibuch, Digitale Sammlung der Staatsbibliothek Bamberg)

Brot ist ein sehr wichtiger Energielieferant für unseren Körper. Es enthält wertvolle Mineralien und Vitamine. Wegen seines geringen Fettgehalts ist es ein idealer Grundbaustein unserer Ernährung. „Trocken Brot macht Wangen rot“, heißt es nicht umsonst im Volksmund.

Besonders Vollkornbrot enthält sehr viele **Ballaststoffe,** die bei der Vorbeugung von Verstopfung, Gallensteinen sowie erhöhten Cholesterin- und Blutzuckerwerten helfen. Zudem hat es einen hohen Sättigungsgrad. Der Gehalt an Vitaminen, vor allem an B-Vitaminen, und Mineralien, hauptsächlich Magnesium, Zink, Jod und Fluor, ist unschlagbar. Zwei Scheiben Roggenvollkornbrot enthalten ca. 5 Mikrogramm Jod – und damit mehr als Milch. Diese Biostoffe kann unser Körper besonders gut verwerten, wenn das Brot mit Sauerteig gebacken wurde.

Wer kein Vollkornbrot mag, dem sei gesagt, dass Brot aus Weizenmehl zwar einen geringeren Anteil an Ballaststoffen, Mineralien und Vitaminen besitzt, diese aber durch den hohen Ausmahlungsgrad des Mehls besser vom Organismus aufgenommen werden können. Weißbrot (z. B. Baguette, Ciabatta) ist ein bekömmlicher und fester Bestandteil der gesunden Mittelmeerküche.

GESUNDES BROT

- ***Vollkornbrot/Mischbrot:*** *eiweißreich, fettarm, hoher Gehalt an Ballaststoffen, Vitamin B1, Phosphor, Kupfer und Zink*
- ***Weißbrot:*** *eiweiß- und ballaststoffreich, fettarm, enthält Spurenelemente (Kupfer, Mangan)*
- ***Dinkelvollkornbrot:*** *hoher Eiweiß- und Ballaststoffgehalt, fettarm, hoher Gehalt an Vitamin B1, Folsäure, Kupfer, Eisen und Mangan, enthält Vitamin E und Magnesium*
- ***Knäckebrot:*** *guter Eiweißlieferant, hoher Ballaststoffgehalt, hoher Gehalt an Folsäure, Phosphor, Kupfer, Eisen, Zink, Mangan, enthält Vitamin B1 und B6, Kalium und Magnesium*

Da ein Großteil der Brotgetreidesorten das Klebereiweiß Gluten enthält, müssen Menschen mit einer **Glutenunverträglichkeit** (Zöliakie) auf Brot aus diesem Getreide verzichten. Diejenigen, die mit Verdauungsproblemen auf den Genuss von Brot reagieren, müssen es nicht unbedingt von ihrem Speiseplan streichen. Sie vertragen oftmals Brot, das aus alten, nicht konventionell gezüchteten Getreidesorten gebacken wird. Das liegt möglicherweise daran, dass **Urgetreide** wie Emmer, Einkorn, Dinkel und Durum mehr Antioxidantien bzw. eine größere Menge des Mikronährstoffes Lutein enthalten als moderne Sorten. Darüber hinaus werden diese Sorten meist biologisch angebaut und müssen wegen ihrer geringeren Anfälligkeit für Schädlinge nicht chemisch behandelt werden. Ein weiterer Unterschied liegt sicher auch in der Verwendung von Sauerteig, der für ein bekömmlicheres Brot sorgt. Durch die **lange** (indirekte) **Teigführung** beim Sauerteig werden bestimmte Zucker abgebaut, die Verdauungsprobleme bereiten können. Der Teig bekommt genug Zeit zum Gehen und die Ballaststoffe des Getreides bzw. die Stärke können richtig aufquellen. Unser Körper kann sie auf diese Weise besser verarbeiten.

Schüttelbrot, Südtiroler Bauernspeck und ein Glas Rotwein – mehr braucht es nicht für eine zünftige Marende.

Brot sollte am besten in einem Brotkasten aus Holz aufbewahrt werden.

GUT ZU WISSEN

An der Farbe des Brotes kann man nicht erkennen, ob es sich um Vollkornbrot handelt. Dunkles Brot ist nicht gleich Vollkorn! So ist zum Beispiel ein mit Weizenvollkornmehl gebackenes Brot hell, während ein mit Auszugsmehl gebackenes Brot dunkel ist, wenn dem Teig Gerstenmalz zugesetzt wurde.

BROTKAUF IST VERTRAUENSSACHE

Wer Wert auf ein handwerklich hergestelltes Brot legt, sollte – wenn er es nicht selbst bäckt – beim Bäcker um die Ecke einkaufen, der keine fertigen Backmischungen verwendet. Brot aus dem Supermarkt bzw. aus dem Backshop wird zwar in der Filiale gebacken, die Teiglinge kommen aber vorgefertigt und tiefgekühlt aus einer Großbäckerei, die für die bessere Haltbarkeit bzw. Verarbeitung des Teigs zahlreiche Konservierungsmittel, Emulgatoren und Aromen einsetzt. Dieses Industriebrot ist meist schon nach kurzer Zeit altbacken und ungenießbar. Bäcker, die ihr Brot ohne Fertigbackmischungen backen, haben möglicherweise nicht so viele Sorten zur Auswahl und sind teurer, aber es lohnt sich. Denn ein gutes Brot bleibt, abhängig von der Sorte bzw. der Brotqualität sowie der richtigen Aufbewahrung, länger frisch und genießbar.

Brötchen, Baguette, Vollkornbrot – für jeden Geschmack ist etwas dabei.

HALTBARKEIT VON BROT

Weißbrot:	*1–3 Tage*
Weizenmischbrot:	*3–5 Tage*
Roggenmischbrot:	*5–7 Tage*
Roggenvollkornbrot:	*7–9 Tage*

Auf die richtige Lagerung kommt es an

Brot sollte nach dem Einkauf nie in Plastiktüten oder -behältern aufbewahrt werden, da es darin nicht „atmen“ kann. Am besten lagert man es in Leinenbeuteln bzw. **Brotkästen aus Holz** oder Steingut. Damit sich in den Behältern kein Schimmel bildet, müssen sie regelmäßig mit Essigwasser gereinigt werden.

Wenn das Brot trotzdem schimmelig wird, muss es komplett entsorgt werden. Die krebserregenden Schimmelsporen können über die befallene Stelle hinaus kegelförmig ins Innere der Brotes wachsen. Da sie mit bloßem Auge nicht sichtbar sind, reicht es nicht, die schimmeligen Stellen abzuschneiden.

Sollte Brot einmal alt geworden sein, muss es trotzdem nicht weggeworfen werden. Mit ein paar Tricks kann man es für andere Gerichte verwenden, zum Beispiel für Knödel, Croûtons, Brotauflauf, Vinschger Schneemilch oder Arme Ritter. Außerdem kann man alt gewordenes Brot toasten oder im Backofen aufbacken und so wieder schmackhaft machen. Hartes Brot lässt sich zu Brotbröseln verarbeiten.

Weißbrot schmeckt frisch am besten.

Tipps

- Achten Sie beim Einkauf darauf, ob das Brot appetitlich duftet. Die Kruste sollte gleichmäßig braun und knusprig sein. Die Krume sollte saftig sein, eine gleichmäßige Porung haben und nicht zerbröseln.
- Kaufen Sie lieber ein ganzes Brot als schon geschnittenes, denn Schnittbrot ist anfälliger für Schimmelbildung.
- Sie können das Brot kurze Zeit in Leinen- oder Baumwollsäckchen lagern.
- Legen Sie Brot zum Aufbewahren nicht in den Kühlschrank! Es verliert dort schnell an Geschmack und wird altbacken.
- Brot lässt sich gut einfrieren. Verpacken Sie Brot (oder anderes Gebäck) luftdicht und lagern Sie es bei -18 Grad in der Tiefkühltruhe. Es hält so etwa 1–3 Monate.
- Tauen Sie Brot am besten etwa 5 Stunden bei Zimmertemperatur auf. Gefrorene Brötchen können im Backofen in ein paar Minuten knusprig aufgebacken werden (vorher mit Wasser benetzen).

Herzhafte und süße Aufstriche schmecken auf frischem Brot einfach himmlisch.

WAS KOMMT AUFS BROT?

Frisches, duftendes Brot schmeckt auch ohne Belag oder Aufstrich. Doch mit schmeckt es noch einmal so gut!
Ein sehr guter Partner ist Butter – egal ob süß, salzig oder mit Kräutern veredelt.

BUTTER MAL ANDERS

Einen neuen Geschmack erzielt man mit Brotkleebutter, für die weiche Butter mit etwas Brotklee, Salz und Pfeffer vermischt wird.

Doch erst der richtige Aufstrich oder Belag komplettieren das Geschmackserlebnis. Bei der Auswahl des Aufstrichs bzw. Belages sollte man allerdings einige Dinge beachten.

- Ist das Brot die Hauptzutat? Dann sollte es geschmacklich im Mittelpunkt stehen und nicht vom Belag/Aufstrich überdeckt werden.
- Ist das Brot der Nebendarsteller? In diesem Fall sollte es sich geschmacklich zurückhalten, denn es ist nur der Träger für den Belag.
- Sind Brot und Belag gleichwertig? Hier dominiert keiner den anderen.

Besonders interessante Geschmackserlebnisse erzielt man bei der Kombination von knusprigem Brot und weichem Aufstrich bzw. von weichem Brot und festem Belag. Auch die Verbindung von gegensätzlichen Aromen kann sehr reizvoll sein, z. B. wenn herzhaftes Vollkornbrot mit einem süßen Aufstrich (z. B. Nuss-Nougat-Creme, Marmelade, Honig) oder ein süßes Brötchen mit einem herzhaften Belag serviert wird.

Wenn es schnell gehen soll

Während das frisch gebackene und duftende Brot abkühlt, kann man schnell verschiedene einfache Aufstriche zubereiten. Frischkäse (aus Kuh- oder Ziegenmilch), Creme fraîche oder Topfen (Quark) kann man mit frischen Kräutern, Tomaten, Thunfisch, Eiern, Schinken oder Gemüsewürfeln immer wieder neu kombinieren.
Oder wie wäre es mit einem Avocadoaufstrich? Der ist nicht nur gesund, sondern auch schnell gemacht. Einfach Avocadofruchtfleisch zerdrücken und mit Zitronensaft, Salz, Pfeffer oder klein gehackten Tomaten würzen.
Etwas mehr Aufwand verlangt hingegen die Herstellung von Melanzaneaufstrich, Hummus, Grammelschmalz, Leberpasteten, Tapenaden oder Marmeladen.

„Trocken Brot macht Wangen rot“ – besser schmeckt es mit einem gesunden Aufstrich (Rezepte ab Seite 154).

Passion Kochen

208 Seiten, Hardcover,
über 200 Farbfotos, 19 x 24,5 cm
ISBN **978-88-6839-675-6**

208 Seiten, Hardcover,
über 200 Farbfotos, 19 x 24,5 cm
ISBN **978-88-6839-753-1**

TYPISCH ITALIENISCH: BROT ALS BEILAGE

In Italien wird Brot klassischerweise als Beilage zu Pasta und Reisgerichten serviert. Die Wahl des Brotes hängt dabei von der Region und dem Restaurant ab. Während in der Emilia-Romagna meist Ciabatta gereicht wird, erhält man in anderen Regionen beispielsweise Focaccia. Auch in vielen italienischen Familien steht ein gefüllter Brotkorb auf dem Tisch, wenn es Nudel- oder Reisgerichte gibt.
Zahlreiche abwechslungsreiche Pasta- und Risotto-Rezepte finden Sie in den Kochbüchern des **„So kocht Südtirol"-Teams.**

Helmut Bachmann, Heinrich Gasteiger und **Gerhard Wieser**

GUT ZU WISSEN

Wer anfängt, sein Brot selbst zu backen, wird möglicherweise auch den einen oder anderen Misserfolg erleben, selbst wenn er sich genau an das Rezept gehalten hat. Ob das Brotbacken gelingt, hängt von verschiedenen Faktoren ab. Wichtig ist, dass man den Gärprozess ständig beobachtet und kontrolliert. Außerdem sollte man mit der Nadel-, Klopf- oder Fingerprobe überprüfen, ob das Brot schon richtig fertig gebacken ist.

Voraussetzungen für ein gutes Backergebnis

Der Backofen

Brot sollte, wenn der Backofen nicht über eine Brotbackstufe verfügt, immer bei „stehender" Hitze (also bei Ober-/Unterhitze) gebacken werden. Auf diese Weise trocknet es nicht so schnell aus wie beim Backen mit Heißluft.

Wasserdampf

Damit das Brot eine schöne Kruste bekommt, sollte es am besten im Dampfbackofen gebacken werden. Wer keinen hat, der stellt einfach ein feuerfestes Gefäß mit Wasser auf den Boden des Backofens oder besprüht das Brot während des Backvorgangs.

Nach dem Backen

Ist das Brot fertig, nimmt man es aus dem Ofen und legt es zum Abkühlen auf ein Kuchengitter. Der Fachmann nennt diesen Vorgang „ausdampfen". Damit die überschüssige Flüssigkeit auch wirklich verdampfen kann, sollte man das Brot nie auf ein Brett oder eine andere Unterlage legen!

Das Brot ist nach dem Backen flach

Das kann mehrere Ursachen haben:

- Der Teig hatte nicht die richtige Konsistenz bzw. Temperatur.
- Der Sauerteig hatte nicht genug Triebkraft oder die Hefe war zu alt.
- Der Teig wurde zu lange geknetet.
- Die Hefe wurde zusammen mit Salz und Fett vermischt.
- Der zweite Gärvorgang war zu lang oder zu kurz.
- Die Temperatur im Backofen war zu hoch oder zu niedrig.
- Im Backofen war es nicht feucht genug.
- Das Brot wurde vor dem Backen nicht tief genug eingeschnitten.

Die Kruste oder die Unterseite sind hart bzw. zu dunkel

Wenn die Kruste hart ist, war die Backofentemperatur zu hoch. Bei einem zu dunklen Boden wurde das Brot zu lange mit zu viel Unterhitze gebacken bzw. das Backblech stand auf einer zu niedrigen Einschubhöhe.

Brot richtig aufbewahren

Wenn Brot längere Zeit an der Luft liegt, trocknet es aus und wird hart. Besonders lange frisch bleibt es in einem verschließbaren Topf aus Holz, Keramik oder Ton. Allerdings müssen diese Gefäße immer gut mit Essigwasser gereinigt werden, damit sich kein Schimmel bildet. Soll die Kruste knusprig bleiben, lagert man Brot in einem Leinenbeutel oder einer Papiertüte. Auf keinen Fall Brot in Plastiktüten aufbewahren: Es schimmelt schnell.

Brot einfrieren

Frisch gebackenes Brot wird portionsweise in einen gut verschließbaren Gefrierbeutel gepackt und schnell auf mindestens -18 Grad heruntergekühlt. Es hält sich so bis zu drei Monate im Tiefkühlschrank.

Brot auftauen/Brot aufbacken

Brot sollte (im geschlossenen Beutel) mindestens 5 Stunden (am besten über Nacht) bei Zimmertemperatur aufgetaut werden. Im Backofen kann Brot (je nach Dicke) bei 200 bis 220 Grad etwa 7–10 Minuten aufgebacken werden.

Einser-Hefezopf

1

Die Teigstücke für den Einser-Hefezopf mit den flachen Händen zu 30 cm langen Teigsträngen rollen.

2

Ein Drittel vom Teigstrang zu einer Schleife legen.

3

Die Teigschleife drehen und das Teigende durch die Schleife führen.

4

Den Zopf ein weiteres Mal drehen und das Teigende wieder durch die Schleife führen.

5

Das Teigende auf der Unterseite des Zopfes festdrücken.

6

Der fertige Einser-Hefezopf

Baguette formen

Rezept siehe Seite 79 und 80

1

Den Teig in drei gleiche Teile teilen und mit viel Mehl zu Baguettes formen.

2

Die Baguettes auf ein bemehltes Tuch legen, dabei das Tuch einziehen, sodass sich die Baguettes nicht berühren.

3

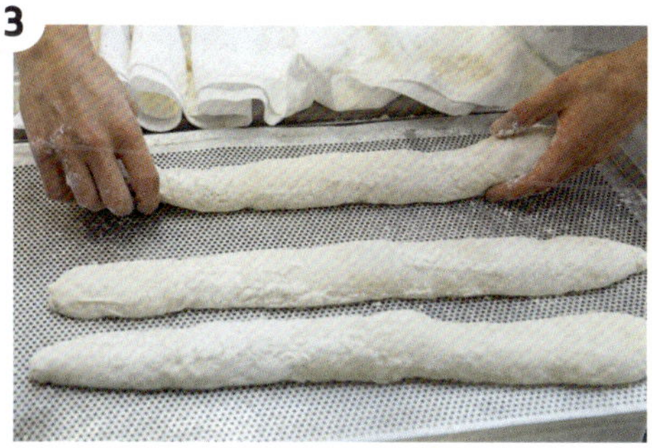

Die aufgegangenen Baguettes auf ein Backblech legen.

4

Mit einer Schere abwechselnd links und rechts einschneiden.

5

Die gebackenen Baguettes

Mantovane herstellen

Rezept siehe Seite 134

1

Die Teigrolle in gleich große Stücke schneiden.

2

Die Teigstücke mit einem Nudelholz zu länglichen Teigblättern ausrollen.

3

Die Teigblätter mit Olivenöl bestreichen und aufrollen.

4

Die Teigrollen mit einem scharfen Messer einschneiden.

5

Die Mantovane mit verquirltem Ei bestreichen.

6

Die Mantovane aufgehen lassen und im Backofen backen.

Brotteig portionieren

1

Den Brotteig auf ein bemehltes Holzbrett legen und portionieren.

2

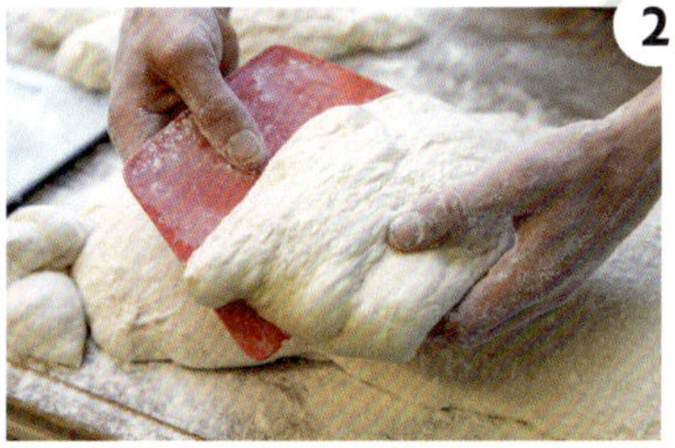

Die Teigstücke mit Mehl bestreuen.

3

Die Teigstücke abwiegen, damit alle Brote gleich schwer sind.

4

Die Teigstücke falten.

Grissini formen

Rezept siehe Seite 149

1

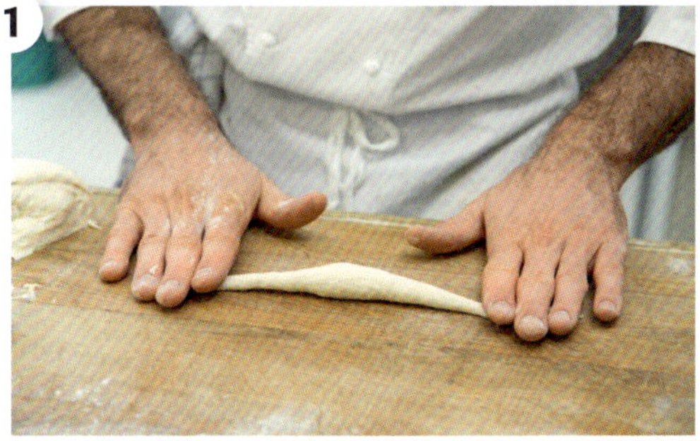

Den Brotteig zu Kugeln formen und jede Kugel von der Mitte aus zu einem Strang rollen …

2

… bis die Grissini etwa 15 cm lang sind.

BAUERNBROTE

Pusterer Bauernbreatln

Für 4 Brotlaibe
(etwa 1,5 kg Teig)

ZUTATEN

- *400 ml* ***lauwarmes Wasser***
- *200 g* ***Roggen-Sauerteig*** *(siehe Seite 51)*
- *10 g* ***Hefe***
- *150 g* ***Weizenmehl***
- *200 g* ***Roggenvollkornmehl***
- *½ TL* ***Brotklee***
- *15 g* ***Salz***
- *1 TL* ***Koriander,*** *zerstoßen*
- *1 EL* ***Fenchelsamen***
- *1 EL* ***Kümmel***

WEITERES

Weizenmehl *zum Bestreuen*

Backzeit und -temperatur (Umluft):
etwa 30 Minuten
180 Grad

Backzeit und -temperatur (Ober-/Unterhitze):
etwa 35 Minuten
200 Grad

Zubereitungszeit:
etwa 1½ Stunden

Zubereitung

- Wasser mit Sauerteig und Hefe verrühren.
- Zusammen mit Weizenmehl, Roggenvollkornmehl, Roggenmehl, Brotklee, Salz, Koriander, Fenchelsamen und Kümmel in der Küchenmaschine zu einem glatten Teig verkneten. Den Teig mit Klarsichtfolie oder einem Tuch zugedeckt etwa 20 Minuten bei maximal 35 Grad gehen lassen.

Fertigstellung

- Den Teig noch einmal durchkneten und in vier gleich große Portionen teilen.
- Aus jedem Teigling einen flachen Brotlaib formen, mit Weizenmehl bestreuen und etwa 20 Minuten gehen lassen, anschließend im vorgeheizten Backofen backen.

Tipps

Im Pustertal werden aus diesem Teig auch **Pietschen** gebacken. Dazu werden unter den Teig 200 g klein geschnittene Trockenfrüchte (Sultaninen, Rosinen, Feigen oder Birnen) geknetet. Anschließend aus dem Teig kleine ovale Brotlaibe formen.

Wenn Sie den Sauerteig nicht selbst herstellen wollen, fragen Sie bei Ihrem Bäcker danach.

Besonderheit

Das Original

Besonderheit

Das würzige, lockere Weißbrot ist der ideale Partner für Käse oder Wurstwaren.

Tiroler Knüppelbrot

Für 2 Brote
(etwa 1 kg Teig)

VORTEIG 1
150 g ***Weizenmehl***
150 ml ***lauwarmes Wasser***
9 g ***Hefe***

VORTEIG 2
150 g ***Weizenmehl***
150 ml ***lauwarmes Wasser***
9 g ***Backmalz***

HAUPTTEIG
170 g ***Weizenmehl***
5 g ***Anis,*** *gemahlen*
3 g ***Kümmel,*** *gemahlen*
12 g ***Salz***

Backzeit und -temperatur:
etwa 25 Minuten
180–220 Grad

Backzeit und -temperatur:
etwa 30 Minuten
200–250 Grad

Zubereitungszeit insgesamt:
etwa 15–18 Stunden
Zubereitungszeit am Backtag:
etwa 3 Stunden

Vorteig 1

- Weizenmehl in eine Schüssel geben und gut mit Wasser und Hefe verrühren. Die Schüssel mit Klarsichtfolie abdecken und bei Zimmertemperatur (18–20 Grad) 2 Stunden stehen lassen.
- In den Kühlschrank stellen und 12–15 Stunden ruhen lassen.

Vorteig 2

- Weizenmehl in eine Schüssel geben und gut mit Wasser und Backmalz verrühren. Bei Zimmertemperatur ungefähr 40 Minuten ruhen lassen.

Hauptteig

- Die beiden Vorteige zusammen mit Weizenmehl, Anis und Kümmel in der Küchenmaschine etwa 4 Minuten auf langsamer Stufe verkneten.
- Anschließend den Teig auf einer höheren Stufe etwa 3 Minuten weiterkneten.
- Salz dazugeben und noch einmal 4 Minuten (erst 2 Minuten langsam, dann 2 Minuten schneller) durchkneten. Der Teig sollte danach eine Temperatur von 26 bis 27 Grad haben.
- Den Teig mit einem Tuch abdecken und bei Zimmertemperatur etwa 2 Stunden gehen lassen.

Fertigstellung

- Aus dem Teig zwei Brotlaibe formen und etwa 10 Minuten gehen lassen. Die Oberfläche mit einem scharfen Messer einschneiden.
- Die Brotlaibe mit Wasser besprühen, in den auf 180 | 200 Grad vorgeheizten Backofen schieben und etwa 3 Minuten anbacken.
- Die Backofentür kurz einen Spalt öffnen, damit der Dampf entweichen kann.
- Die Temperatur auf 220 | 250 Grad erhöhen.
- Nach weiteren 22 Minuten Backzeit die Backofentür erneut öffnen und die Brote noch einmal mit Wasser besprühen. Bei geöffneter Backofentür (offenem Zug) etwa 5 Minuten weiterbacken.
- Herausnehmen und auf einem Gitterrost vollständig auskühlen lassen.

Tipps

Verwenden Sie zum Besprühen einfach einen Wäsche- oder Pflanzensprüher.

Am besten schmeckt das Brot am zweiten Tag.

Sie können auch Sonnenblumenkerne oder Nüsse unter den Teig kneten.

Aus dem Teig können Sie auch kleine Brötchen formen.

Vinschger Paarln

Für 10 Paarln
(etwa 1,3 kg Teig)

ZUTATEN

- 400 ml ***lauwarmes Wasser***
- 200 g ***Roggen-Sauerteig*** *(siehe Seite 51)*
- 10 g ***Hefe***
- 150 g ***Weizenmehl***
- 200 g ***Roggenvollkornmehl***
- 350 g ***Roggenmehl***
- ½ TL ***Brotklee***
- 15 g ***Salz***
- 1 g ***Koriander,*** *zerstoßen*
- 1 EL ***Fenchelsamen,*** *zerstoßen*
- ½ EL ***Kümmel,*** *zerstoßen*

WEITERES

Weizenmehl *zum Bestreuen*

Backzeit und -temperatur:
etwa 18 Minuten
180 Grad

Backzeit und -temperatur:
etwa 23 Minuten
200 Grad

Zubereitungszeit:
etwa 1 Stunde

Zubereitung

- Wasser mit Sauerteig und Hefe verrühren.
- Zusammen mit Weizenmehl, Roggenvollkornmehl, Roggenmehl, Brotklee, Salz, Koriander, Fenchelsamen und Kümmel in der Küchenmaschine zu einem glatten Teig verkneten.
- Den Teig mit Klarsichtfolie oder einem Tuch zugedeckt etwa 20 Minuten bei maximal 35 Grad gehen lassen.

Fertigstellung

- Den Teig auf eine Arbeitsfläche geben und mit Weizenmehl bestreuen, mit den Händen jeweils kleine Brotlaibe vom Teig abteilen (rupfen).
- Diese paarweise nebeneinander auf ein mit Backpapier ausgelegtes Backblech legen, sodass sie sich beim Aufgehen verbinden und ein Paar darstellen.
- Erneut etwa 20 Minuten gehen lassen und anschließend im vorgeheizten Backofen backen.

Tipps

Würzen Sie den Teig mit Anis.

Sie können aus dem Teig auch einen großen Brotlaib formen.

Besonderheit

Sollte bei keiner Südtiroler Marende fehlen.

Vinschger Apfelbrötchen

Für 20 Brötchen
(etwa 1,5 kg Teig)

VORTEIG
- 210 g **Roggenvollkornmehl**
- 210 ml **lauwarmes Wasser**
- 5 g **Hefe**
- 5 g **Zucker**

HAUPTTEIG
- 100 g **Roggenmehl**
- 300 g **Weizenmehl**
- 150 ml **lauwarmes Wasser**
- 50 ml **Buttermilch**
- 100 ml **Apfelsaft**
- ½ TL **Brotklee**
- 5 g **Kreuzkümmel** *oder Kümmel, gemahlen*
- 18 g **Salz**

WEITERES
- **Roggenmehl** *zum Bestreuen*

Backzeit und -temperatur:
etwa 18 Minuten
210 Grad

Backzeit und -temperatur:
etwa 20 Minuten
230 Grad

Zubereitungszeit insgesamt:
etwa 16 Stunden
Zubereitungszeit am Backtag:
etwa 1 Stunde

Vorteig

- Roggenvollkornmehl, Wasser, Hefe und Zucker zu einem Teig verkneten und abgedeckt etwa 15 Stunden bei Zimmertemperatur gehen lassen.

Hauptteig

- Vorteig, Roggenmehl, Weizenmehl, Wasser, Buttermilch, Apfelsaft, Brotklee und Kreuzkümmel in der Küchenmaschine 2 Minuten bei hoher Geschwindigkeit verkneten. Anschließend auf langsamer Stufe weitere 6 Minuten kneten lassen.
- Das Salz zugeben und den Teig noch einmal 2 Minuten langsam durchkneten.
- Den Teig auf ein mit Roggenmehl bestaubtes Backbrett geben und mit der Hand flach drücken. Der Teig sollte etwa 3–4 cm hoch sein.
- Teigoberfläche mit Roggenmehl bestreuen, mit Klarsichtfolie oder einem Tuch abdecken und 10 Minuten gehen lassen.

Fertigstellung

- Aus dem Teig mit einem Ring (Ø etwa 5 cm) Brötchen ausstechen und auf ein mit Backpapier ausgelegtes Backblech setzen.
- Die Brötchen etwa 10–15 Minuten bei etwa 35 Grad aufgehen lassen.
- In den vorgeheizten Backofen schieben. Nach 5 Minuten Backzeit die Tür des Backofens einen Spalt öffnen (offener Zug) und das Brot bei leicht geöffneter Tür fertig backen.

Tipps

Sie können den Kreuzkümmel im Mörser fein zerstoßen oder in der Gewürzmühle mahlen.

Das Brot schmeckt ohne Apfelsaft ebenfalls sehr gut.

Formen Sie aus dem Teig einen großen Brotlaib.

Sie können den Teig auch noch mit Anis und Fenchelsamen würzen.

Besonderheit

Ein besonders fruchtiges Brot

Besonderheit

Ein knuspriges, lagerfähiges
Brot aus Südtirol

Schüttelbrot

Für 12 Schüttelbrote
(etwa 1,5 kg Teig)

ZUTATEN

150 g ***Weizenmehl***
600 g ***Roggenmehl***
500 ml ***lauwarmes Wasser***
100 g ***Roggen-Sauerteig***
(siehe Seite 51)
20 g ***Hefe***
½ TL ***Brotklee***
15 g ***Salz***
1 EL ***Kümmel***

WEITERES

Weizenkleie *und* ***Weizenmehl***
zum Bestreuen

Backzeit und -temperatur:
etwa 20 Minuten
180 Grad

Backzeit und -temperatur:
etwa 25 Minuten
200 Grad

Zubereitungszeit:
etwa 1 Stunde

Zubereitung

- Weizen- und Roggenmehl mit Wasser, Sauerteig und Hefe verrühren, Brotklee, Salz und Kümmel dazugeben.
- Mit der Küchenmaschine oder den Knethaken des Handrührgerätes alles zu einem eher weichen Teig verkneten.
- Den Teig mit Klarsichtfolie oder einem Tuch abgedeckt etwa 20 Minuten bei maximal 35 Grad aufgehen lassen.
- Den Teig noch einmal durchkneten und mit den Händen in 12 gleich große Portionen teilen. Auf ein mit Weizenkleie bestreutes Tuch legen und leicht mit Weizenmehl bestreuen. Noch einmal ungefähr 20 Minuten gehen lassen.

Fertigstellung

- Die Teigportionen nacheinander auf ein mit Weizenmehl bestreutes Schüttelbrett geben. Das Brett mit kreisenden Bewegungen so lange schütteln, bis aus dem Teig ein gleichmäßig dünner Fladen von der Größe des Brettes geworden ist.
- Die Teigfladen nebeneinander auf ein mit Backpapier belegtes Backblech geben und im vorgeheizten Backofen backen.
- Schüttelbrote nach dem Backen an der Luft trocknen lassen.

Tipps

Wenn Sie den Sauerteig nicht selber ansetzen wollen, können Sie ihn bei Ihrem Bäcker fertig kaufen.

Das Schütteln erfordert eine gewisse Fertigkeit und Übung, damit die Brote richtig dünn und rund werden.

Wenn Sie kein Schüttelbrett besitzen, drücken Sie die Teigportionen vorsichtig mit den Fingern auseinander.

Das Schüttelbrot soll beim Backen eine schöne hellbraune Farbe bekommen.

Sie können unter den Teig auch Zirbelnüsse oder zerstoßene Fenchelsamen kneten.

Vorschlagbrot

Für 4 Brotlaibe
(etwa 1 kg Teig)

ZUTATEN

600 ml ***lauwarme Milch***
1 EL ***Zucker***
30 g ***Hefe***
250 g ***Weizenmehl***
400 g ***Roggenmehl***
½ TL **Brotklee**
15 g ***Salz***
1 EL ***Anis***
1 EL ***Fenchelsamen***

WEITERES

Anis *zum Bestreuen*
Weizenmehl *zum Bestreuen*

Backzeit und -temperatur:
etwa 20 Minuten
180 Grad

Backzeit und -temperatur:
etwa 25 Minuten
200 Grad

Zubereitungszeit:
etwa 1 Stunde

Zubereitung

- Milch, Zucker und Hefe verrühren.
- Mit Weizenmehl, Roggenmehl, Brotklee, Salz, Anis und Fenchelsamen in der Küchenmaschine zu einem geschmeidigen, nicht zu festen Teig verkneten.
- Den Teig mit Klarsichtfolie oder einem Tuch abdecken und etwa 20 Minuten bei maximal 35 Grad gehen lassen.

Fertigstellung

- Den Teig noch einmal gut durchkneten, in vier Portionen teilen und zu Brotlaiben formen.
- Auf ein mit Backpapier ausgelegtes Backblech setzen. Mit Anis und Weizenmehl bestreuen und die Oberfläche mit einer Gabel einstechen.
- Ungefähr 20 Minuten gehen lassen und im vorgeheizten Backofen backen.

Tipp

Stellen Sie in der ersten Hälfte der Backzeit eine kleine feuerfeste Schüssel mit kochendem Wasser auf den Boden des Backofens. Auf diese Weise entsteht im Inneren des Backofens Dampf und das Brot geht besser auf.

Besonderheit

Geschmackvolles, luftig leichtes Brot

Graubrot

Für 4 Brote
(etwa 1,2 kg Teig)

ZUTATEN

500 ml ***Buttermilch***
125 g ***Weizenmehl***
350 g ***Weizenvollkornmehl***
250 g ***Roggenmehl***
12 g ***Hefe***
5 g ***Zucker***
50 ml ***lauwarmes Wasser***
5 g ***Salz***

WEITERES

Weizenmehl *für die Gärkörbe*

Backzeit und -temperatur:
etwa 17 Minuten
220 Grad

Backzeit und -temperatur:
etwa 20 Minuten
240 Grad

Zubereitungszeit:
etwa 5 Stunden

Zubereitung

- Buttermilch auf 25 Grad erwärmen.
- Weizenmehl, Weizenvollkornmehl, Roggenmehl, Buttermilch, Hefe, Zucker und Wasser verrühren.
- Salz zufügen und in der Küchenmaschine auf langsamer Stufe ungefähr 7 Minuten verkneten.
- Den Teig abgedeckt etwa 3 Stunden bei Zimmertemperatur gehen lassen.

Fertigstellung

- Den Teig in vier gleich große Portionen teilen und rund wirken (siehe Seite 14). Die Teiglinge in mit Mehl ausgestreute Gärkörbe (Simperl) legen.
- Die Teiglinge mit einem Tuch abdecken und bei Zimmertemperatur aufgehen lassen, bis sich das Volumen verdoppelt hat.
- Auf ein mit Backpapier ausgelegtes Backblech stürzen und in den vorgeheizten Backofen schieben. Eine feuerfeste Schüssel mit kochendem Wasser auf den Boden des Backofens stellen, die Tür sofort schließen und das Brot backen.

Tipps

Statt eine Schüssel mit heißem Wasser in den Backofen zu stellen, können Sie auch eine kleine Tasse (etwa 50 ml) kochendes Wasser auf den heißen Backofenboden gießen. Man nennt diesen Vorgang „beschwaden". Die Dampfzufuhr bewirkt, dass das Brot besser aufgeht und eine schöne braune Kruste bekommt.

Anstelle der Gärkörbe können Sie auch kleine, mit einem Tuch ausgelegte und bemehlte Holzschüsseln oder Brotkörbe verwenden.

Besonderheit

Passt wunderbar zu Speck oder geselchtem Fleisch.

Besonderheit

Hat eine feine Fruchtsäure.

Gewürztraminer-Brot

Für 8 kleine Brote
(etwa 1,2 kg Teig)

VORTEIG
5 g ***Hefe***
60 ml ***lauwarmes Wasser***
50 g ***Roggenmehl***
1 Prise ***Zucker***

HAUPTTEIG
500 g ***Weizenmehl***
20 g ***Hefe***
50 g ***Weizengrieß***
10 g ***Zucker***
15 ml ***Olivenöl***
400 ml ***Gewürztraminer*** *(Weißwein)*
12 g ***Salz***
10 g ***Anis***

WEITERES
Weizenmehl *zum Bestreuen*

Backzeit und -temperatur:
etwa 15 Minuten
210 Grad

Backzeit und -temperatur:
etwa 20 Minuten
230 Grad

Zubereitungszeit insgesamt:
etwa 25 Stunden
Zubereitungszeit am Backtag:
etwa 1 Stunde

Vorteig

- Hefe, Wasser, Roggenmehl und Zucker verrühren. Bei Zimmertemperatur etwa 24 Stunden gehen lassen.

Hauptteig

- Den Vorteig mit Weizenmehl, Hefe, Weizengrieß, Zucker, Olivenöl, Gewürztraminer, Salz und Anis in der Küchenmaschine zu einem glatten Teig verkneten.
- Den Teig auf ein bemehltes tiefes Backblech geben, mit Weizenmehl bestreuen und zugedeckt etwa 30 Minuten bei maximal 35 Grad gehen lassen.

Fertigstellung

- Vom Teig mit einer Teigkarte acht gleich große Stücke abstechen. Auf ein mit Backpapier ausgelegtes Backblech setzen und mit einem Tuch abgedeckt so lange gehen lassen, bis sich das Volumen verdoppelt hat.
- Im vorgeheizten Backofen backen.

Tipps

Servieren Sie das Brot mit Rohschinken oder Speck zum Aperitif.

Sie können den Teig mit Thymian oder Rosmarin (anstelle von Anis) würzen.

Besonderheit

Aus vollem Korn

Vollkorn-Sauerteigbrot

Für 2 Brote
(etwa 1 kg Teig)

ZUTATEN

200 g **Roggenvollkornmehl**
200 g **Dinkelvollkornmehl**
100 g **Weizenmehl**
300 g **Roggen-Sauerteig**
(siehe Seite 51)
220 ml **lauwarmes Wasser**
50 g **weiche Butter**
20 g **Zucker**
10 g **Fenchelsamen**
10 g **Kümmel**
20 g **Salz**

WEITERES

Weizenmehl *für die Form*
Butter *für die Form*

Backzeit und -temperatur:
etwa 18 Minuten
180 Grad

Backzeit und -temperatur:
etwa 20 Minuten
200 Grad

Zubereitungszeit:
etwa 1½ Stunden

Zubereitung

- Roggenvollkornmehl, Dinkelvollkornmehl, Weizenmehl, Roggen-Sauerteig, Wasser, Butter, Zucker, Fenchelsamen und Kümmel verrühren.
- Salz zugeben und alles in der Küchenmaschine etwa 7 Minuten auf langsamer Stufe verkneten.
- Etwa 30 Minuten abgedeckt an einem warmen Ort gehen lassen.

Fertigstellung

- Den Teig halbieren und beide Portionen rund wirken.
- Die Teiglinge in die gebutterten und mit Weizenmehl ausgestreuten Kastenformen geben.
- Mit einem Tuch abdecken und bei Zimmertemperatur auf das doppelte Volumen aufgehen lassen.
- Im vorgeheizten Backofen backen.

Tipp

Stellen Sie in der ersten Hälfte der Backzeit eine kleine flache Schüssel mit Wasser auf den Backofenboden, damit etwas Dampf entsteht und das Brot schöner aufgeht. Sie können auch eine Tasse mit kochendem Wasser auf den heißen Boden schütten. Diesen Vorgang nennt man „beschwaden".

Roggen-Sauerteig

Für etwa 800 g Sauerteig

ZUTATEN

- 200 g ***Roggenmehl***
- 200 g ***Weizenmehl***
- 200 ml ***lauwarmes Wasser***
- 200 ml ***lauwarme Buttermilch***

Zubereitungszeit:
4 Tage

1. Tag

- 50 g Roggenmehl und 50 g Weizenmehl in eine Holzschüssel geben und mit 70 ml Wasser und 70 ml Buttermilch verrühren.
- Mit einem Tuch abdecken und 24 Stunden bei maximal 35 Grad gehen lassen.

2. Tag

- Zu diesem Ansatz 50 g Roggenmehl, 50 g Weizenmehl, 70 ml Wasser und 70 ml Buttermilch zugeben und verrühren.
- Mit einem Tuch abdecken und 24 Stunden bei maximal 35 Grad gehen lassen.

3. Tag

- Den Vorgang vom Vortag mit den restlichen Zutaten (100 g Roggenmehl, 100 g Weizenmehl, 60 ml Wasser und 60 ml Buttermilch) wiederholen.

4. Tag

- Der Sauerteig ist fertig, wenn er leicht säuerlich riecht und sich Blasen gebildet haben.
- Der Roggen-Sauerteig kann jetzt zum Backen verwendet werden.

Tipps

Denken Sie vor dem Backen daran, den Sauerteig rechtzeitig anzusetzen. Er braucht 4 Tage, bis er reif ist.

Für das Gelingen des Sauerteigs ist es sehr wichtig, dass Sie eine Holzschüssel verwenden. Damit die Säure in der Schüssel bleibt, darf sie nie mit Wasser ausgewaschen werden. Je öfter man die Schüssel benutzt, umso besser wird der Sauerteig.

Sie können den Sauerteig für Bauernbrot, Vinschgerlen, Tschotteplattlen usw. verwenden.

Anstelle von Buttermilch können Sie auch Milch, Joghurt oder Wasser nehmen.

Variation

Glutenfreier Sauerteig aus Kastanienmehl und Quinoa: Statt Roggen- und Weizenmehl verwenden Sie 200 g Quinoamehl und 200 g Kastanienmehl. Lassen Sie die Buttermilch weg und verwenden Sie insgesamt 400 ml Wasser.

Besonderheit

Edler Begleiter zu Käse

Früchtebrot

Für 2 Brote
(etwa 1 kg Teig)

ZUTATEN

- 50 g ***getrocknete Marillen***
- 50 g ***getrocknete Feigen***
- 300 ml ***lauwarmes Wasser***
- 100 g ***Roggen-Sauerteig*** *(siehe Seite 51)*
- 250 g ***Dinkelvollkornmehl***
- 250 g ***Roggenvollkornmehl***
- 20 g ***Sultaninen***
- 10 g ***Pinoli***
- 50 g ***Walnüsse***
- 2 g ***Koriander,*** *zerstoßen oder zerdrückt*
- 3 g ***Anis***
- 10 g ***Salz***

WEITERES

- ***Dinkelmehl*** *zum Bestreuen*

Backzeit und -temperatur:
etwa 30 Minuten
160 Grad

Backzeit und -temperatur:
etwa 40 Minuten
180 Grad

Zubereitungszeit:
etwa 3 Stunden

Zubereitung

- Marillen und Feigen in kleine Stückchen schneiden.
- Wasser und Sauerteig verrühren.
- Dinkel- und Roggenvollkornmehl, Marillen- und Feigenwürfel, Sultaninen, Pinoli, Walnüsse, Koriander, Anis und Salz dazugeben und alles in der Küchenmaschine oder mit den Knethaken des Handrührgerätes zu einem Teig verkneten.
- Den Teig mit einem Tuch abdecken und etwa 20 Minuten bei maximal 35 Grad gehen lassen.

Fertigstellung

- Den Teig noch einmal gut durchkneten, halbieren und daraus zwei Brotlaibe formen. Auf ein mit Backpapier ausgelegtes Backblech setzen.
- Teiglinge mit Dinkelmehl bestreuen und etwa 20 Minuten gehen lassen.
- Im vorgeheizten Backofen backen.

Tipps

Das Brot schmeckt am zweiten Tag am besten.

Ersetzen Sie die Pinoli durch Zirbelnüsse.

Wenn Sie den Sauerteig nicht selbst herstellen wollen, fragen Sie Ihren Bäcker danach.

Sie können das Brot auch in einer ausgebutterten und mit Dinkelmehl ausgestreuten Kastenform backen.

Südtiroler Zelten

Für 4 Zelten
(etwa 2 kg Teig)

ZUTATEN

- 500 g **getrocknete Feigen,** *in Würfel oder Streifen geschnitten*
- 250 g **Rosinen**
- 120 g **Sultaninen**
- 120 g **gemischte Nüsse** *(Haselnüsse, Walnüsse, Erdnüsse), grob gehackt*
- 120 g **Pinoli**
- 120 g **Mandeln,** *geschält*
- 50 g **Zitronat**
- 50 g **Orangeat**
- 3 EL **Rum**
- 70 g **Honig**
- 50 ml **Weißwein**
- ½ TL **Zitronenschale,** *abgerieben*
- ½ TL **Orangenschale,** *abgerieben*
- ½ TL **Zimt**
- 1 Msp. **Nelken,** *gemahlen*
- 1 Msp. **Neugewürz**
- 1 Msp. **Muskat,** *gemahlen*
- 20 g **Lebkuchengewürz**

BROTTEIG

- 200 ml **lauwarmes Wasser**
- 20 g **Hefe**
- **Salz**
- 1 EL **Öl**
- 150 g **Weizenmehl**
- 100 g **Roggenmehl**
- 1 TL **Anis**
- 1 TL **Kümmel**

WEITERES

- **geschälte Mandeln** *zum Garnieren*
- **Honig und Zuckerwasser** *zum Bestreichen*

Zubereitung

- Feigen, Rosinen, Sultaninen, Nüsse, Pinoli, Mandeln, Zitronat, Orangeat mit Rum, Honig und Weißwein vermischen und mindestens 1 Stunde marinieren lassen.
- Zitronen-, Orangenschale, Zimt, Nelken, Neugewürz, Muskat und Lebkuchengewürz dazugeben.

Brotteig

- Wasser mit Hefe, Salz und Öl in einer Schüssel gut verrühren.
- Weizenmehl, Roggenmehl, Anis und Kümmel dazugeben und alles zu einem geschmeidigen Teig verkneten.
- Den Teig etwa 30 Minuten zugedeckt bei maximal 35 Grad gehen lassen.

Backzeit und -temperatur:
etwa 30 Minuten
160 Grad

Backzeit und -temperatur:
etwa 45 Minuten
180 Grad

Zubereitungszeit:
etwa 3 Stunden

Fertigstellung

- Den Brotteig gut mit den marinierten Zutaten verkneten. Portionieren und zu runden oder länglichen Zelten formen.
- Zelten mit Mandeln verzieren und auf ein mit Backpapier ausgelegtes Backblech setzen. 20 Minuten gehen lassen.
- Im vorgeheizten Backofen backen. Während des Backvorgangs öfter mit Honig und Zuckerwasser bestreichen, damit die Zelten schön braun werden.
- Auf einem Gitterrost auskühlen lassen.

Tipp

Marinieren Sie die Trockenfrüchte und Nüsse am besten schon am Vortag. Dann können sie schön durchziehen und der Zelten wird aromatischer.

Besonderheit

Ein typisches Brot für die Südtiroler Weihnacht

VOLLKORNBROTE

Besonderheit

Mit Almbutter und Waldhonig ein Genuss

Körner-Malzbrot

Für 2 Brote
(etwa 1 kg Teig)

ZUTATEN

- 30 g ***Hefe***
- 350 ml ***lauwarme Milch***
- 200 g ***Dinkelvollkornmehl***
- 200 g ***Weizenvollkornmehl***
- 100 g ***Weizenmehl***
- 2 EL ***Backmalz***
- 60 g ***Sonnenblumenkerne***
- 2 g ***Koriander,*** *zerstoßen*
- 2 g ***Fenchelsamen***
- 10 g ***Salz***

WEITERES

Sonnenblumen- *und* ***Kürbiskerne*** *zum Bestreuen*

Backzeit und -temperatur:
etwa 20 Minuten
180 Grad

Backzeit und -temperatur:
etwa 25 Minuten
200 Grad

Zubereitungszeit:
etwa 1½ Stunden

Zubereitung

- Hefe in der Milch auflösen.
- Dinkelvollkornmehl, Weizenvollkornmehl, Weizenmehl und Backmalz in eine Schüssel geben.
- Die aufgelöste Hefe, Sonnenblumenkerne, Koriander, Fenchelsamen und Salz dazugeben und alles zu einem Teig verkneten.
- Den Teig mit einem Tuch zugedeckt bei maximal 35 Grad auf das doppelte Volumen aufgehen lassen.

Fertigstellung

- Den Teig noch einmal durchkneten, in vier gleich große Stücke teilen und zu Strängen formen.
- Je zwei Stränge zu einem Zopf zusammendrehen und auf ein mit Backpapier ausgelegtes Backblech legen.
- Mit Sonnenblumen- und Kürbiskernen bestreuen und etwa 30 Minuten gehen lassen.
- Im vorgeheizten Backofen backen.

Tipps

Kneten Sie Nüsse (Wal- oder Haselnüsse) unter den Teig.

Sie können aus dem Teig auch kleine Brötchen formen.

Backmalz bekommen Sie im Bioladen oder bei Ihrem Bäcker. Sie können es aber auch durch Waldhonig ersetzen.

Ricottabrot

Für 5 Brote
(etwa 1,5 kg Teig)

ZUTATEN

- 125 ml **Milch**
- 40 g **Ahornsirup** *oder Honig*
- 25 g **Hefe**
- 600 g **Dinkelvollkornmehl,** *fein*
- 300 g **Ricotta** *oder Topfen (Quark)*
- 2 **Eier**
- 5 g **Fenchelsamen**
- 3 g **Koriander,** *zerstoßen*
- 10 g **Salz**

WEITERES

Dinkelmehl *zum Bestreuen*

Backzeit und -temperatur:
etwa 20 Minuten
180 Grad

Backzeit und -temperatur:
etwa 25 Minuten
200 Grad

Zubereitungszeit:
etwa 1 Stunde

Zubereitung

- Milch mit Ahornsirup erwärmen.
- Die zerbröselte Hefe darin auflösen und etwa 10 Minuten gehen lassen.
- Zusammen mit Dinkelvollkornmehl, Ricotta, Eiern, Fenchelsamen, Koriander und Salz in die Küchenmaschine geben und zu einem geschmeidigen Teig verkneten.
- Den Teig mit Klarsichtfolie oder einem Tuch zugedeckt etwa 15 Minuten bei maximal 35 Grad gehen lassen.

Fertigstellung

- Den Teig in 5 gleich große Teile teilen und rund wirken.
- Die Teiglinge auf ein mit Backpapier ausgelegtes Backblech legen, mit Mehl bestreuen und mit einem scharfen Messer einschneiden.
- Etwa 15 Minuten gehen lassen.
- Im vorgeheizten Backofen backen.

Tipps

Kneten Sie Rosinen, klein geschnittene getrocknete Feigen oder Nüsse unter den Teig.

Sie können aus dem Teig auch 15 Brötchen formen. Backen Sie die Teiglinge in einer Silikonform (Ø 12 cm) oder auf einem mit Backpapier ausgelegten Backblech.

Variation

Glutenfreies Ricottabrot: Ersetzen Sie das Dinkelvollkornmehl durch eine glutenfreie Mehlmischung.

Besonderheit

Fitnessbrot

Besonderheit

Brot ohne Gluten

Buchweizenbrot

Für 1 Brot
(etwa 500 g Teig)

ZUTATEN

80 ml ***Milch***
10 g ***Hefe***
1 EL ***Honig***
150 g ***Buchweizenmehl***
25 g ***Maisstärke***
40 ml ***Naturjoghurt***
2 ***Eigelb***
2 EL ***geröstete Pinoli*** *oder Sonnenblumenkerne*
Salz
2 ***Eiweiß***

WEITERES

2 EL ***Butterschmalz*** *oder Rapsöl zum Backen*

Backzeit und -temperatur:
etwa 12 Minuten
160 Grad

Backzeit und -temperatur:
etwa 17 Minuten
180 Grad

Zubereitungszeit:
etwa 1½ Stunden

Zubereitung

- Milch leicht erwärmen und mit Hefe und Honig verrühren. Zugedeckt etwa 20 Minuten bei Zimmertemperatur gehen lassen.
- Buchweizenmehl, Maisstärke, Naturjoghurt, Eigelb, Pinoli und Salz dazugeben. Alles gut mit einem Kochlöffel durchschlagen und 20 Minuten gehen lassen.
- Das Eiweiß steif schlagen und unter den Teig ziehen.

Fertigstellung

- Eine beschichtete Pfanne erhitzen und 1 Esslöffel Butterschmalz darin schmelzen lassen. Den Teig hineingeben und kurz fest werden lassen. Die Pfanne in den Backofen stellen und so lange backen, bis die Oberfläche schön braun ist.
- Das Brot wenden, dabei noch 1 Esslöffel Butterschmalz in die Pfanne geben, und im Backofen fertig backen.
- Das Brot etwas auskühlen lassen und noch lauwarm servieren.

Tipps

Der Teig ist sehr flüssig. Sie können ihn wie Kaiserschmarrenteig einfach in die Pfanne gießen.

Rühren Sie Rosinen und gehackte Nüsse (Zirbel-, Wal- oder Haselnüsse) unter den Teig.

Wenn sie nicht auf eine glutenfreie Ernährung achten müssen, ersetzen Sie das Buchweizenmehl durch Dinkel-, Weizen- oder Kamutvollkornmehl.

Statt Naturjoghurt können Sie auch Topfen (Quark), Schmand oder Sauerrahm verwenden.

Feigenbrot

Für 2 Brote
(etwa 1,2 kg Teig)

ZUTATEN

- 380 g **Weizenmehl**
- 120 g **Weizenvollkornmehl**
- 100 g **mehlige Kartoffeln,** *gekocht und passiert*
- 100 g **Zucker**
- 40 g **Hefe**
- 100 ml **lauwarme Milch**
- 2 **Eier**
- 50 g **weiche Butter**
- 100 ml **Bier**
- 100 g **getrocknete Feigen,** *in Würfel geschnitten*
- 100 g **Sultaninen**
- 150 g **Walnüsse,** *grob gehackt*
- 10 g **Salz**

Backzeit und -temperatur:
etwa 30 Minuten
180 Grad

Backzeit und -temperatur:
etwa 40 Minuten
200 Grad

Zubereitungszeit:
etwa 2 Stunden

Zubereitung

- Weizenmehl, Weizenvollkornmehl, Kartoffeln und Zucker vermischen.
- Hefe in Milch auflösen und zur Mehlmischung geben.
- Zusammen mit Eiern und Butter in der Küchenmaschine oder mit den Knethaken des Handrührgerätes etwa 6 Minuten verkneten.
- Bier, Feigen, Sultaninen, Walnüsse und Salz zufügen und alles zu einem geschmeidigen Teig verkneten.
- Den Teig mit einem Tuch abdecken und bei maximal 35 Grad gehen lassen.

Fertigstellung

- Den Teig in die mit Backpapier ausgelegten Kastenformen füllen.
- Die Brote etwa 15 Minuten gehen lassen und im vorgeheizten Backofen backen.

Tipps

Auch andere Nüsse (Erdnüsse, Pinoli usw.) eignen sich als Zutat.

Sie können die Kastenform auch mit Butter einfetten und mit Weizenmehl ausstreuen.

Aus dem Teig können Sie auch Brötchen formen. Die Backzeit verkürzt sich dann auf 15 Minuten | 18 Minuten.

Besonderheit

Passt zu Blauschimmelkäse.

Dinkel-Striezel mit Almkäse

Für 15 Striezel
(etwa 900 g Teig)

ZUTATEN
350 ml ***Wasser***
2 EL ***Honig***
30 g ***Hefe***
400 g ***Weizenmehl***
120 g ***Dinkelvollkornmehl***
5 g ***Fenchelsamen***
2 g ***Kümmel***
10 g ***Salz***

WEITERES
30 g ***Almkäse*** *oder Parmesan, gerieben*

Backzeit und -temperatur:
etwa 15 Minuten
180 Grad

Backzeit und -temperatur:
etwa 20 Minuten
200 Grad

Zubereitungszeit:
etwa 1 Stunde

Zubereitung

- Wasser mit Honig erwärmen und die zerbröselte Hefe darin auflösen.
- Weizenmehl, Dinkelvollkornmehl, Fenchelsamen, Kümmel und Salz dazugeben und alles zu einem Teig verkneten.
- Den Teig mit einem Tuch abdecken und bei maximal 35 Grad etwa 20 Minuten gehen lassen.

Fertigstellung

- Den Teig noch einmal gut durchkneten, in 15 gleich große Portionen teilen und daraus Striezel formen.
- Die Teiglinge auf ein mit Backpapier ausgelegtes Backblech legen, mit einem Tuch abdecken und auf das doppelte Volumen aufgehen lassen.
- Die Teiglinge mit einem scharfen Messer einschneiden und mit Almkäse bestreuen.
- Etwa 10 Minuten gehen lassen und im vorgeheizten Backofen backen.

Tipps

Sie können aus dem Teig auch kleine Brötchen formen.

Das Brot schmeckt am besten, wenn es frisch aus dem Backofen kommt.

Sie können in den Brotteig auch Sonnenblumenkerne, Leinsamen oder Nüsse einarbeiten.

Besonderheit

Als Party-Gebäck geeignet

Besonderheit

Vitalbrötchen

Dreikorn-Brötchen

Für 20 Brötchen
(etwa 900 g Teig)

ZUTATEN

- 20 g ***Hefe***
- 350 ml ***lauwarmes Wasser***
- 160 g ***Dinkelvollkornmehl***
- 160 g ***Weizenvollkornmehl***
- 160 g ***Kamutvollkornmehl***
- 15 g ***Salz***

WEITERES

Weizenmehl *zum Bestreuen*

Umluft: Backzeit und -temperatur:
etwa 15 Minuten
200 Grad

Ober-/Unterhitze: Backzeit und -temperatur:
etwa 18 Minuten
220 Grad

Zubereitungszeit:
etwa 1½ Stunden

Zubereitung

- Hefe im Wasser auflösen.
- Dinkel-, Weizen- und Kamutvollkornmehl sowie Salz dazugeben und in der Küchenmaschine etwa 6 Minuten zu einem geschmeidigen Teig verkneten.
- Den Teig mit einem Tuch zudecken und bei maximal 35 Grad etwa 20 Minuten gehen lassen.

Fertigstellung

- Den Teig auf einer Arbeitsfläche mit Weizenmehl bestreuen und in gleich große Stücke teilen.
- Die Teiglinge rund wirken, auf ein mit Backpapier ausgelegtes Backblech setzen und mit einem Tuch abgedeckt etwa 20 Minuten gehen lassen.
- Im vorgeheizten Backofen backen.

Tipps

Sie können auch Roggen- oder Emmermehl verwenden.

Backen Sie den Teig in einer eingefetteten und mit Mehl ausgestreuten Kastenform auf etwa (Umluft) 180 Grad 30 Minuten | (Ober-/Unterhitze) 200 Grad 40 Minuten.

Sie können die Brötchen vor dem Backen noch mit Sonnenblumenkernen bestreuen.

Kamut-Körnerbrötchen

Für 15 Brötchen
(etwa 850 g Teig)

ZUTATEN

- *300 g* ***Kamutmehl***
- *200 g* ***Weizenmehl***
- *20 g* ***Hefe***
- *300 ml* ***lauwarmes Wasser***
- *50 ml* ***Olivenöl***
- *10 g* ***Salz***

WEITERES

- *2 EL* ***Milch*** *zum Bestreichen*
- *100 g* ***Körner*** *und* ***Samen*** *zum Bestreuen (Sonnenblumenkerne, Kürbiskerne, Sesam, Leinsamen)*

Backzeit und -temperatur:
etwa 20 Minuten
180 Grad

Backzeit und -temperatur:
etwa 25 Minuten
200 Grad

Zubereitungszeit:
etwa 2 Stunden

Zubereitung

- Kamut- und Weizenmehl vermischen.
- Die Hefe mit 100 ml Wasser und 100 g Mehl verrühren. Die Oberfläche mit Mehl bestreuen, mit einem Tuch zudecken und an einem warmen Ort so lange gehen lassen, bis sich das Volumen verdoppelt hat.
- Das restliche Mehl, das restliche Wasser, Olivenöl und Salz dazugeben und alles in der Küchenmaschine oder mit den Knethaken des Handrührgerätes zu einem glatten Teig verkneten.
- Den Teig zugedeckt an einem warmen Ort etwa 30 Minuten gehen lassen.

Fertigstellung

- Den Teig auf einer bemehlten Arbeitsfläche noch einmal gut durchkneten, portionieren und die Teiglinge rund wirken.
- Teiglinge mit Milch bestreichen und mit Körnern bestreuen.
- Auf ein mit Backpapier ausgelegtes Backblech legen und mit einem Tuch zugedeckt an einem warmen Ort etwa 30 Minuten gehen lassen.
- Im vorgeheizten Backofen backen.

Tipps

Stellen Sie während des Backens eine Schüssel mit Wasser auf den Boden des Backofens. Durch den Wasserdampf gehen die Brötchen besonders schön auf.

Anstelle von Olivenöl können Sie Leinsamen- oder Nussöl verwenden.

Sie können den Teig auch in einer Kastenform backen. Die Backzeit verlängert sich dann auf etwa 30 Minuten | 40 Minuten.

Die Kürbiskerne zum Bestreuen der Brötchen können Sie grob hacken.

Besonderheit

Gesundes Urkornbrot

Haferflockenbrot

Für 2 Brote
(etwa 1,2 kg Teig)

ZUTATEN

- *400 ml* ***Milch***
- *20 g* ***Honig***
- *40 g* ***Hefe***
- *300 g* ***kernige Haferflocken***
- *150 g* ***Weizenvollkornmehl***
- *250 g* ***Weizenmehl***
- *1 EL* ***Pflanzenöl***
- *10 g* ***Salz***

WEITERES

Haferflocken *zum Bestreuen*

Backzeit und -temperatur:
etwa 10 Minuten 200 Grad und 30 Minuten 160 Grad

Backzeit und -temperatur:
etwa 10 Minuten 220 Grad und 35 Minuten 180 Grad

Zubereitungszeit:
etwa 1½ Stunden

Zubereitung

- Milch mit Honig erwärmen und die zerbröselte Hefe darin auflösen.
- Haferflocken, Weizenvollkornmehl, Weizenmehl, Pflanzenöl und Salz dazugeben und alles zu einem Teig verkneten.
- Den Teig mit einem Tuch abdecken und etwa 20 Minuten bei maximal 35 Grad gehen lassen.

Fertigstellung

- Den Teig noch einmal gut durchkneten, halbieren und zu Brotlaiben formen.
- Die Teiglinge auf ein mit Backpapier ausgelegtes Backblech legen und mit Haferflocken bestreuen.
- Zugedeckt etwa 15 Minuten gehen lassen.
- In den Backofen schieben und beschwaden. Nach 10 Minuten Backzeit die Temperatur herunterregeln und fertig backen.

Tipps

Sorgen Sie während des Backvorganges für genügend Feuchtigkeit. Zum Beschwaden schütten Sie beim Einschieben des Blechs eine Tasse kochendes Wasser auf den Boden des Backofens. Die Backofentür sofort wieder schließen. Alternativ können Sie auch ein Gefäß mit Wasser in den Backofen stellen, das kontinuierlich Wasserdampf erzeugt.

Das Brot schmeckt am zweiten Tag am besten.

Zusätzlich können Sie noch Sonnenblumenkerne oder geriebene Nüsse unter den Teig kneten.

Sie können aus dem Teig auch kleine Brötchen formen.

Besonderheit

Hat einen hohen Zinkgehalt.

KLASSIKER

Milchsemmeln

Für etwa 10 Semmeln
(etwa 900 g Teig)

ZUTATEN
300 *ml* ***Milch***
30 *g* ***Hefe***
500 *g* ***Weizenmehl***
40 *g* ***zerlassene Butter***
15 *g* ***Salz***
6 *g* ***Zucker***

WEITERES
Milch *zum Bestreichen*

Backzeit und -temperatur:
etwa 15 Minuten
200 Grad

Backzeit und -temperatur:
etwa 20 Minuten
220 Grad

Zubereitungszeit:
etwa 1 Stunde

Zubereitung

- Milch leicht erwärmen und Hefe darin auflösen.
- Das Mehl in eine Schüssel geben und mit der aufgelösten Hefe verrühren. Zerlassene Butter, Salz und Zucker zufügen und alles mit der Küchenmaschine oder den Knethaken des Handrührgerätes zu einem geschmeidigen Teig verkneten.
- Den Teig mit einem Tuch abdecken und bei Zimmertemperatur so lange gehen lassen, bis sich das Volumen verdoppelt hat.

Fertigstellung

- Den Teig teilen und zu zwei gleichmäßigen Strängen formen. Jeden Strang in zehn gleich große Stücke schneiden. Die Teiglinge rund einschlagen und mit der Hand flach drücken. Den Daumen der linken Hand in die Mitte des flachen Teiglings legen und den Teig vom Rand her einmal über den Daumen schlagen. Mit der Handkante die sich überlappende Stelle festdrücken. Jetzt die dem Daumen gegenüberliegende Seite zur Mitte falten und festdrücken. Den Vorgang noch zweimal wiederholen, ohne dass der Daumen seine Position ändert. Zum Schluss den übrigen Teig dort hineinstecken, wo vorher der Daumen war und den Teig gut andrücken.
- Die Brötchen auf ein mit Backpapier ausgelegtes Backblech legen und mit Milch bestreichen.
- Mit einem Tuch abdecken und bei Zimmertemperatur etwa 10 Minuten gehen lassen.
- In den vorgeheizten Backofen schieben, beschwaden und backen.

Tipps

Stellen Sie zum Beschwaden ein feuerfestes Gefäß mit kochendem Wasser auf den Boden des Backofens oder schütten Sie das heiße Wasser direkt auf den Backofenboden. Auf diese Weise entwickelt sich beim Backen genügend Dampf.

Bestreuen Sie die Milchsemmeln vor dem Backen mit Sesam oder Mohn.

Anstelle von Weizenmehl können Sie sehr feines Dinkelmehl verwenden.

Sie können auch fein gehackte Weizen- oder Alfalfasprossen unter den Teig mischen.

Besonderheit

Für jeden Tag

Besonderheit

Das echte französische Baguette

Baguette

Für 4 Baguettes
(etwa 1,4 kg Teig)

VORTEIG
250 ml ***lauwarmes Wasser***
5 g ***Hefe***
250 g ***Weizenmehl***

HAUPTTEIG
500 g ***Weizenmehl***
5 g ***Hefe***
3 g ***Zucker***
250 ml ***lauwarmes Wasser***
20 g ***Salz***

WEITERES
Öl *zum Einfetten der Schüssel*

Backzeit und -temperatur:
etwa 6 Minuten
250 Grad (geschlossener Zug mit Schwaden) und
etwa 10 Minuten
200 Grad (offener Zug)

Backzeit und -temperatur:
etwa 8 Minuten
280 Grad (geschlossener Zug mit Schwaden) und
etwa 15 Minuten
220 Grad (offener Zug)

Zubereitungszeit insgesamt:
etwa 15 Stunden
Zubereitungszeit am Backtag:
etwa 2½ Stunden

Vorteig

- Wasser, Hefe und Weizenmehl verrühren, mit einem Tuch oder Klarsichtfolie abdecken und im Kühlschrank etwa 12 Stunden gehen lassen.

Hauptteig

- Den Vorteig mit Weizenmehl, Hefe, Zucker und Wasser in die Küchenmaschine geben und 2 Minuten auf schneller Stufe und 8 Minuten auf langsamer Stufe zu einem weichen Teig verkneten.
- Kurz vor Ende des Knetvorgangs das Salz zufügen. Der Teig soll sehr elastisch sein und sich wie Kaugummi ziehen lassen.
- Den Teig in eine mit Öl eingefettete Schüssel geben und bei Zimmertemperatur ungefähr 30 Minuten gehen lassen.
- Mit einer Teigkarte unter den Teig fahren und auf beiden Seiten zur Mitte hin falten. Erneut 30 Minuten gehen lassen.
- Den Teig auf diese Weise noch zweimal dehnen und ruhen lassen.

Fertigstellung (siehe Seite 27)

- Den Teig in vier gleich große Portionen teilen. Jeden Teigling mehrmals langwirken und zu Baguettes formen.
- Die fertig geformten Teiglinge in ein bemehltes Tuch einschlagen und so lange gehen lassen, bis sich ihr Volumen verdoppelt hat.
- Die Teiglinge mit einer Schere oder einem scharfen Messer einschneiden, in den vorgeheizten Backofen schieben, beschwaden und bei geschlossener Backofentür (geschlossener Zug) backen.
- Die Temperatur herunterregeln und bei leicht geöffneter Backofentür (offener Zug) weiterbacken, bis die Baguettes eine dunkelbraune Farbe haben.
- Herausnehmen und auf einem Gitterrost auskühlen lassen.

Tipps

Nur wenn dem Teig ausreichend Wasser zugesetzt wird, können die biochemischen Vorgänge ablaufen, die für ein wohlschmeckendes Brot verantwortlich sind. Deshalb sollten Sie, wenn die Konsistenz des Teiges zu fest ist, noch Wasser zufügen.

Zum Falten und Dehnen bleibt der Teig in der eingeölten Schüssel. Durch diesen Vorgang wird der Teig straffer und das Brot bekommt eine schöne gleichmäßige Krume.

Durch das Langwirken bekommt der Teig Spannung und die gewünschte Form. Der Teigling wird dazu mit der Hand leicht flach gedrückt. Dann schlägt man ihn zur Mitte ein und rollt ihn auf, dabei immer wieder fest andrücken.

Durch das Einschlagen in ein bemehltes Tuch behalten die Teiglinge beim Gärvorgang ihre Form. Außerdem verhindert der Stoff, dass der Teig austrocknet.

Zum Beschwaden schütten Sie eine Tasse kochendes Wasser direkt auf den heißen Backofenboden und schließen die Ofentür sofort wieder.

Baguette mit Apfel-Sauerteig

Für 3 Baguettes
(etwa 900 g Teig)

APFEL-SAUERTEIG
1. STUFE
70 g ***Bio-Apfelschalen***
15 ***Bio-Rosinen***
400 ml ***lauwarmes Wasser***

2. STUFE
200 g ***Apfel-Sauerteig-Anstellgut***
200 g ***Weizenmehl***

3. STUFE
50 g ***Apfel-Sauerteig***
200 g ***Weizenmehl***
200 ml ***lauwarmes Wasser***

HAUPTTEIG
500 g ***Weizenmehl***
7 g ***Hefe***
150 g ***Apfel-Sauerteig***
270 ml ***lauwarmes Wasser***
15 g ***Olivenöl***
14 g ***Salz***

WEITERES
Mehl *zum Bestreuen*

Backzeit und -temperatur:
etwa 6 Minuten
250 Grad (geschlossener Zug mit Schwaden) und
10 Minuten
200 Grad (offener Zug)

Backzeit und -temperatur:
etwa 8 Minuten
280 Grad (geschlossener Zug mit Schwaden) und
15 Minuten
220 Grad (offener Zug)

Zubereitungszeit insgesamt:
etwa 6 Tage
Zubereitungszeit am Backtag:
etwa 1½ Stunden

1. Stufe

- Alle Zutaten für das Anstellgut in eine Schüssel geben, mit Klarsichtfolie abdecken und 5 Tage an einem warmen Ort (bei etwa 25 Grad) stehen lassen, bis das Anstellgut anfängt zu gären und sich Blasen bilden.

2. Stufe

- Apfel-Sauerteig-Anstellgut durch ein Tuch passieren und 200 g abwiegen.
- Mit einem Kochlöffel Weizenmehl unter das Anstellgut rühren.
- Den Sauerteig in einen hohen Behälter füllen, mit Klarsichtfolie abdecken und ein Loch in die Folie stechen. Bei Zimmertemperatur etwa 10 Stunden gehen lassen, bis er deutlich an Volumen zugelegt hat.
- 50 g zur Verwendung für die Baguettes mit Apfel-Sauerteig abwiegen, den restlichen Sauerteig gut mit Klarsichtfolie abdecken und im Kühlschrank bis zur weiteren Verwendung aufbewahren.

3. Stufe

- Den abgewogenen Sauerteig mit Weizenmehl und Wasser verrühren, etwa 10 Stunden gehen lassen.

Hauptteig

- Weizenmehl, Hefe, Apfel-Sauerteig, Wasser und Olivenöl in der Küchenmaschine auf langsamer Stufe 5 Minuten verkneten.
- Das Salz zufügen und alles 6 Minuten auf einer schnelleren Stufe verkneten.
- Den Teig auf ein bemehltes Holzbrett oder eine Marmorplatte geben, rund schleifen und mit einem Tuch abdecken.
- Den Teig mit der Hand flach drücken (zu einem Rechteck), zur Mitte hin falten und abgedeckt 20 Minuten gehen lassen.
- Den Vorgang wiederholen und den Teig erneut 20 Minuten gehen lassen.
- Den Teig in drei gleich große Portionen teilen. Jeden Teigling 10 Minuten abgedeckt gehen lassen.

Fertigstellung (siehe Seite 27)

- Die Teiglinge leicht flach drücken und zu Baguettes formen. Auf einem bemehlten Tuch noch einmal 25 Minuten gehen lassen.
- Die Teiglinge mit einer Schere oder einem scharfen Messer einschneiden, in den vorgeheizten Backofen schieben, beschwaden und bei geschlossener Backofentür (geschlossener Zug) backen.
- Die Temperatur herunterregeln und bei leicht geöffneter Backofentür (offener Zug) weiterbacken, bis die Baguettes eine dunkelbraune Farbe haben.
- Die Baguettes herausnehmen und auf einem Gitterrost auskühlen lassen.

Tipps

Achten Sie darauf, dass der Behälter, in den Sie den Sauerteig füllen, auch wirklich groß genug ist. Sonst quillt der Sauerteig beim Aufgehen über.

Sie können die Teiglinge zum Backen auch in eine Baguette-Form legen.

Legen Sie die Baguettes nach dem Backen zum Auskühlen auf ein Gitter, damit sich darunter kein Kondenswasser sammelt und die Kruste schön kross bleibt.

Zum Backen von Baguettes eignet sich ein Brot- oder Pizzastein, der im Backofen vorgeheizt wird, besonders gut. Damit Sie die Teiglinge in den Ofen bekommen, ohne dass sie zerfallen oder die Form verlieren, sollten Sie sie mithilfe des Tuches vorsichtig auf ein langes dünnes Holzbrett legen und damit in den Backofen schieben.

Besonderheit

Die Mühe lohnt sich – einfach gut.

Besonderheit

Ein würziger Genuss – nicht nur zum Bier!

Bierstangen

Für 20 Stangen
(etwa 1,4 kg Teig)

QUELLSTÜCK
25 g ***Sesam***
25 g ***Sonnenblumenkerne***
25 g ***Leinsamen***
75 ml ***Wasser***

HAUPTTEIG
300 g ***Weizenmehl*** *(rot)*
100 g ***Weizenmehl*** *(blau)*
100 g ***Roggenmehl***
12 g ***Salz***
15 g ***Backmalz***
10 g ***Zuckerrübensirup***
25 g ***Hefe***
40 g ***Röstzwiebeln***
300 ml ***Bier***

WEITERES
220 g ***Emmentaler,*** *gerieben*
50 g ***Mohn***
50 g ***Sesam***
1 TL ***Kümmel***
1 TL ***edelsüßes Paprikapulver***
1 TL ***Salzblüte*** *(Fleur de Sel)*
1 TL ***bunter Pfeffer*** *aus der Mühle*

Backzeit und -temperatur:
etwa 15 Minuten
200 Grad

Backzeit und -temperatur:
etwa 20 Minuten
220 Grad

Zubereitungszeit:
etwa 4½ Stunden

Quellstück

- Sesam und Sonnenblumenkerne in einer beschichteten Pfanne leicht anrösten. Auskühlen lassen.
- Zusammen mit Leinsamen in eine Schüssel geben und vermischen.
- Wasser aufkochen und über die Körnermischung gießen. Zugedeckt etwa 2 Stunden quellen lassen.

Hauptteig

- Die beiden Weizenmehlsorten, Roggenmehl, Salz, Backmalz, Zuckerrübensirup, Hefe, Röstzwiebeln und Bier in die Küchenmaschine geben, das Quellstück zufügen und alles auf langsamer Stufe etwa 2 Minuten verkneten.
- Den Teig auf eine bemehlte Arbeitsfläche geben und von Hand noch einmal kurz durchkneten.
- Den Teig mit Klarsichtfolie abdecken und etwa 20 Minuten gehen lassen.

Fertigstellung

- Emmentaler mit Mohn, Sesam, Kümmel, Paprikapulver, Salzblüte und Pfeffer vermischen.
- Den Teig in 50 g schwere Portionen teilen und zu 15–20 cm langen Stangen formen.
- Die Teigstangen mit Wasser befeuchten und in der Käse-Gewürz-Mischung wälzen.
- Auf ein mit Backpapier ausgelegtes Backblech setzen und abgedeckt 35 Minuten gehen lassen.
- In den vorgeheizten Backofen schieben, beschwaden und goldbraun backen.
- Herausnehmen und auf einem Gitter vollständig auskühlen lassen.

Tipp

Zum Beschwaden schütten Sie einfach eine Tasse mit kochendem Wasser auf den Boden des Backofens und schließen sofort die Backofentür. Alternativ können Sie während der ersten Hälfte der Backzeit auch eine kleine flache Schüssel mit Wasser in den Backofen stellen, damit etwas Dampf entsteht. Durch die Dampfzufuhr (Schwaden) gehen die Brötchen schöner auf.

Speck-Zwiebelbrot

Für 4 Brote
(etwa 1 kg Teig)

ZUTATEN

20 ml ***Olivenöl***
80 g ***Zwiebeln*** *oder Schalotten, fein geschnitten*
80 g ***Speck,*** *in kleine Würfel geschnitten*
500 g ***Weizenmehl***
25 g ***Hefe***
320 ml ***lauwarme Milch***
2 EL ***Oregano***
10 g ***Salz***

WEITERS

Weizenmehl *zum Bestreuen*

Backzeit und -temperatur:
etwa 25 Minuten
180 Grad

Backzeit und -temperatur:
etwa 30 Minuten
200 Grad

Zubereitungszeit:
etwa 2 Stunden

Zubereitung

- Olivenöl in einer Pfanne erhitzen, Zwiebeln und Speck darin dünsten.
- Weizenmehl in eine Schüssel geben.
- Hefe in Milch auflösen und zusammen mit Zwiebeln, Speck, Oregano und Salz zum Mehl geben.
- Alles zu einem Teig verkneten und zugedeckt etwa 20 Minuten bei maximal 35 Grad gehen lassen.

Fertigstellung

- Den Teig noch einmal gut durchkneten, in vier Portionen teilen und aus jeder einen kleinen länglichen Brotlaib formen.
- Teiglinge auf ein mit Backpapier ausgelegtes Backblech setzen, mit Weizenmehl bestreuen und mit einem scharfen Messer längs einschneiden.
- Mit einem Tuch zudecken und an einem warmen Ort auf das doppelte Volumen aufgehen lassen.
- Im vorgeheizten Backofen backen.

Tipps

Würzen Sie den Teig mit fein geschnittenem Dill oder Koriander.

Sie können das Weizenmehl auch durch fein gemahlenes Vollkornmehl ersetzen.

Variation

Zucchini-Zwiebelbrot: Kneten Sie anstelle des Speckes 200 g gedünstete Zucchiniwürfel unter den Teig.

Besonderheit

Das besondere Brot für Tomatenbruschetta

Besonderheit

Nicht nur für Burger

Hamburgerbrötchen

Für 15 Brötchen
(etwa 800 g Teig)

ZUTATEN
230 ml ***lauwarme Milch***
30 g ***Hefe***
500 g ***Weizenmehl***
4 ***Eigelb***
70 g ***weiche Butter***
1 EL ***Sesamöl***
10 g ***Salz***

WEITERES
Sesam *zum Bestreuen*

Backzeit und -temperatur:
etwa 13 Minuten
180 Grad

Backzeit und -temperatur:
etwa 15 Minuten
200 Grad

Zubereitungszeit:
etwa 1½ Stunden

Zubereitung

- Milch mit zerbröselter Hefe verrühren, bis sich die Hefe aufgelöst hat.
- Weizenmehl, Eigelb, Butter, Sesamöl und Salz zur aufgelösten Hefe geben und alles zu einem geschmeidigen Teig verkneten.
- Den Teig mit einem Tuch zugedeckt bei maximal 35 Grad auf das doppelte Volumen aufgehen lassen.

Fertigstellung

- Den Teig teilen und zu Strängen formen, in gleich große Stücke schneiden.
- Jeden Teigling zu kleinen Brötchen schleifen und mit Sesam bestreuen.
- Auf ein mit Backpapier ausgelegtes Backblech setzen, zudecken und an einem warmen Ort etwa 20 Minuten gehen lassen.
- Im vorgeheizten Backofen backen.

Tipps

Mohn-, Lein- oder Chia-Samen eignen sich ebenfalls zum Bestreuen der Hamburgerbrötchen.

Sie können aus dem Teig auch Mini-Brötchen formen.

Anstelle von Butter verwenden Sie Olivenöl oder Schweineschmalz.

Laugenbrötchen

Für 15 Brötchen
(etwa 800 g Teig)

ZUTATEN
- 350 *ml* ***Milch***
- 20 *g* ***Honig***
- 20 *g* ***Hefe***
- 500 *g* ***Weizenmehl***
- 20 *g* ***weiche Butter***
- 10 *g* ***Salz***

BREZELLAUGE
- 600 *ml* ***Wasser***
- 50 *g* ***Natronlauge***

WEITERES
- ***grobes Salz*** *zum Bestreuen*

Backzeit und -temperatur:
etwa 15 Minuten
180 Grad

Backzeit und -temperatur:
etwa 18 Minuten
200 Grad

Zubereitungszeit:
etwa 1 Stunde

Zubereitung

- Milch mit Honig erwärmen und die zerbröselte Hefe darin auflösen.
- Weizenmehl, Butter und Salz dazugeben und alles zu einem geschmeidigen Teig verkneten.
- Den Teig mit einem Tuch zugedeckt bei maximal 35 Grad gehen lassen.

Brezellauge

- Das Wasser mit der Natronlauge vermischen.

Fertigstellung

- Den Teig teilen und zu zwei Strängen formen, davon gleich große Stücke abschneiden und zu ovalen Brötchen formen.
- Die Brötchen an einem warmen Ort etwa 20 Minuten gehen lassen.
- In Brezellauge tauchen und erneut etwa 15 Minuten gehen lassen.
- Die Brötchen mit einem scharfen Messer längs einschneiden, mit grobem Salz bestreuen und im vorgeheizten Backofen backen.

Tipps

Die Natronlauge bekommen Sie beim Bäcker.

Beim Umgang mit der Brezellauge müssen Sie sehr vorsichtig sein, sie ist stark ätzend!

Sie können aus dem Teig auch sehr gut Buchstaben backen, zum Beispiel die Anfangsbuchstaben Ihrer Gäste.

Variationen

Laugenbrezeln: Die Teigstücke zu fingerdicken Strängen ausrollen, dabei die Enden etwas dünner halten. Die Stränge zu Brezeln schlingen. Die Brezeln vor dem Backen in die Lauge tauchen.

Vollkorn-Laugenbrezeln: Anstelle von Weizenmehl verwenden Sie Vollkornmehl.

Besonderheit

Der Klassiker zur Weißwurst

Süßes Brot

Für 2 Brote
(etwa 800 g Teig)

VORTEIG
30 g ***Hefe***
1 EL ***Zucker***
200 ml ***lauwarme Milch***

HAUPTTEIG
500 g ***Weizenmehl***
80 g ***zerlassene Butter***
70 g ***Zucker***
1 ***Ei***
3 ***Eigelb***
1 Pkg. ***Vanillezucker***
1 Msp. ***Zitronenschale,*** *abgerieben*
5 ml ***Rum***
10 g ***Salz***

WEITERES
1 ***Ei*** *zum Bestreichen*

Backzeit und -temperatur:
etwa 25 Minuten
170 Grad

Backzeit und -temperatur:
etwa 30 Minuten
190 Grad

Zubereitungszeit:
etwa 1½ Stunden

Vorteig

- Hefe und Zucker in der Milch auflösen.
- Zugedeckt 15 Minuten bei maximal 35 Grad gehen lassen.

Hauptteig

- Weizenmehl, Butter, Zucker, Ei, Eigelb, Vanillezucker, Zitronenschale, Rum und Salz zum Vorteig geben und in der Küchenmaschine zu einem geschmeidigen Teig verkneten.
- Den Teig mit Klarsichtfolie oder einem Tuch abdecken und 20 Minuten gehen lassen.

Fertigstellung

- Den Teig noch einmal gut durchkneten und halbieren.
- Die Teiglinge rund schleifen und auf ein mit Backpapier ausgelegtes Backblech setzen.
- Das Ei verquirlen und die Teiglinge damit bestreichen.
- Abgedeckt an einem warmen Ort auf das doppelte Volumen aufgehen lassen.
- Im vorgeheizten Backofen backen.

Tipps

Für einen Osterkranz halbieren Sie den Teig und formen daraus zwei Stränge. Die Stränge zu einem Zopf zusammendrehen und zu einem Kranz zusammenlegen.

Verwenden Sie diesen Teig für Einser-Hefezöpfe (siehe Seite 26).

Sie können aus dem Teig auch Gebildebrot wie Hennen, Pferde, Vögel oder Hasen formen.

Besonderheit

Traditionell zum Osterfest

Besonderheit

Sonntags zum Frühstück ein Muss

Hefezopf Milchzopf

Für 1 Zopf
(etwa 800 g Teig)

VORTEIG
- 30 g ***Hefe***
- 1 EL ***Zucker***
- 250 ml ***lauwarme Milch***

ZUTATEN
- 500 g ***Weizenmehl***
- 50 g ***zerlassene Butter***
- 80 g ***Zucker***
- 2 ***Eigelb***
- 1 Pkg. ***Vanillezucker***
- 1 Msp. ***Zitronenschale,*** *abgerieben*
- 1 EL ***Rum***
- 1 Prise ***Salz***

Vorteig

- Hefe und Zucker in der Milch auflösen und etwa 15 Minuten zugedeckt bei maximal 35 Grad gehen lassen.

Zubereitung

- Weizenmehl, Butter, Zucker, Eigelb, Vanillezucker, Zitronenschale, Rum und Salz zum Vorteig dazugeben und in der Küchenmaschine zu einem glatten Teig verkneten.
- Den Teig mit Klarsichtfolie zugedeckt etwa 15 Minuten gehen lassen.

Fertigstellung

- Den Teig noch einmal gut durchkneten und dritteln. Drei Stränge formen und locker miteinander verflechten.
- Den Zopf abgedeckt 15 Minuten gehen lassen und im vorgeheizten Backofen backen.

Backzeit und -temperatur:
etwa 30 Minuten
170 Grad

Backzeit und -temperatur:
etwa 35 Minuten
190 Grad

Zubereitungszeit:
etwa 1½ Stunden

Tipps

Sie können aus dem Teig auch sechs kleine Einser-Hefezöpfe formen (siehe Seite 26).

Sie können mit dem Teig auch Mohnstrudel, Nussstrudel, Mohnschnecken, Nussschnecken, Mohnschleifen, Mohnkipferln oder Nusskipferln backen.

Sie können auch alle Zutaten zusammen in die Küchenmaschine geben und dort zu einem geschmeidigen Teig verkneten. Man nennt diese Form der Teigherstellung ohne Vorteig „direkte Teigführung". Lassen Sie den fertigen Teig anschließend wie gewohnt gehen.

Süßes Hefeteiggebäck wird immer mit geschlossenem Zug (das heißt ohne Luftzufuhr) gebacken.

Besonderheit

Das Osterbrot

Anisbrot

Für 1 Brot
(etwa 900 g Teig)

ZUTATEN
3 g ***Anis***
80 ml ***Vermouth*** *oder Weißwein*

VORTEIG
25 g ***Hefe***
2 EL ***Zucker***
60 ml ***lauwarme Milch***
50 g ***Weizenmehl***

HAUPTTEIG
50 g ***zerlassene Butter***
50 ml ***lauwarme Milch***
4 ***Eigelb***
1 Pkg. ***Vanillezucker***
1 Msp. ***Zitronenschale****, gerieben*
1 Prise ***Salz***
450 g ***Weizenmehl***

WEITERES
1 ***Ei*** *zum Bestreichen*
Staubzucker *zum Bestreuen*

Backzeit und -temperatur:
etwa 30 Minuten
160 Grad

Backzeit und -temperatur:
etwa 35 Minuten
180 Grad

Zubereitungszeit:
etwa 4½ Stunden

Zubereitung

- Anis etwa 3 Stunden im Vermouth ziehen lassen, abseihen und Sud bereitstellen.

Vorteig

- Hefe und Zucker in der Milch auflösen und Weizenmehl unterrühren.
- 15–20 Minuten zugedeckt bei maximal 35 Grad gehen lassen.

Hauptteig

- Vermouthsud leicht erwärmen. Mit Butter, Milch, Eigelb, Vanillezucker, Zitronenschale und Salz vermischen.
- Weizenmehl und den Vorteig dazugeben und in der Küchenmaschine gut verkneten.
- Mit Klarsichtfolie oder einem Tuch zugedeckt etwa 15–20 Minuten gehen lassen.

Fertigstellung

- Den Teig in fünf gleich große Stücke teilen, rund wirken und rund nebeneinander auf ein mit Backpapier belegtes Backblech setzen.
- Mit verquirltem Ei bestreichen und auf das doppelte Volumen aufgehen lassen.
- Noch einmal mit Ei bestreichen und im vorgeheizten Backofen backen.
- Herausnehmen und mit Staubzucker bestreuen.

Tipps

Sie können unter den Teig auch Trockenfrüchte (Sultaninen, Marillen, Feigen) oder Nüsse kneten.

Beim Verzieren mit Staubzucker verwenden Sie eine Stern-Schablone.

Das warme Brot schmeckt besonders gut zu kalten Vorspeisen.

Sie können aus dem Teig auch fünf kleine Brötchen formen. Schneiden Sie dann jedes Brötchen vor dem Backen mit einer eingeölten Schere von der Mitte her dreimal ein.

SPEZIALBROTE

Grünes Kräuterbrot

Für 4 Brote
(etwa 800 g Teig)

ZUTATEN

- 130 ml **Milch**
- 20 g **Hefe**
- 500 g **Weizenmehl**
- 100 g **Spinatblätter**
- 10 g **Petersilie**
- 5 g **Minze**
- 5 g **Kerbel**
- 4 **Eigelb**
- 70 g **weiche Butter**
- 1 EL **Sesamöl**
- 10 g **Salz**

Backzeit und -temperatur:
etwa 25 Minuten
180 Grad

Backzeit und -temperatur:
etwa 30 Minuten
200 Grad

Zubereitungszeit:
etwa 1 Stunde

Zubereitung

- Milch leicht erwärmen. Die zerbröselte Hefe darin auflösen.
- 250 g Weizenmehl mit Spinatblättern, Petersilie, Minze und Kerbel im Thermomixer (Bimby) oder im Blitzhacker fein mixen.
- Zusammen mit den restlichen 250 g Weizenmehl, Eigelb, Butter, Sesamöl und Salz zur aufgelösten Hefe geben. Alles zu einem geschmeidigen Teig verkneten.
- Den Teig mit einem Tuch abdecken und bei maximal 35 Grad etwa 20 Minuten gehen lassen.

Fertigstellung

- Den Teig in vier gleich große Portionen teilen und daraus runde Brote formen.
- Die Brote auf ein mit Backpapier ausgelegtes Backblech setzen, mit einem Tuch abdecken und bei Zimmertemperatur auf das doppelte Volumen aufgehen lassen.
- Im vorgeheizten Backofen backen.

Tipps

Sie können auch Pistazien, Sonnenblumenkerne oder Nüsse unter den Teig kneten.

Formen Sie aus dem Teig kleine Brötchen.

Statt Petersilie, Minze und Kerbel können Sie auch Majoran, Dill, Liebstöckel oder Rucola verwenden.

Besonderheit

Unser Frühlingsbrot

Besonderheit

Mittelmeer trifft Alpen –
das etwas ausgefallenere Brot.

Polenta-Kartoffelstruzen

Für 2 Brote
(etwa 900 g Teig)

ZUTATEN
- 400 g ***Weizenmehl***
- 120 g ***gelbes Polentamehl,*** *fein*
- 25 g ***Hefe***
- ½ EL ***Zucker***
- 150 ml ***lauwarmes Wasser***
- 200 g ***mehlige Kartoffeln,*** *gekocht und passiert*
- 50 ml ***Olivenöl***
- 2 ***Eigelb***
- 15 g ***Salz***

WEITERES
- ***Weizenmehl*** *zum Bestreuen*

Backzeit und -temperatur:
etwa 20 Minuten
180 Grad

Backzeit und -temperatur:
etwa 25 Minuten
200 Grad

Zubereitungszeit:
etwa 1½ Stunden

Zubereitung

- Weizenmehl und Polentamehl in eine Schüssel geben und in die Mitte eine Mulde drücken.
- Hefe und Zucker im Wasser auflösen, in die Mehlmulde gießen und etwa 10 Minuten zugedeckt gehen lassen.
- Kartoffeln, Olivenöl, Eigelb und Salz dazugeben und alles zu einem glatten, geschmeidigen Teig verkneten.
- Den Teig zudecken und an einem warmen Ort etwa 20 Minuten auf das doppelte Volumen aufgehen lassen.

Fertigstellung

- Den Teig nochmals durchkneten, längliche Struzen (Weggen) formen, mit etwas Weizenmehl bestreuen und mit einem scharfen Messer mehrmals schräg einschneiden.
- Die Struzen auf ein mit Backpapier ausgelegtes Backblech legen und nochmals gehen lassen.
- Im vorgeheizten Backofen backen.

Tipps

Das Brot schmeckt frisch am besten.

Sie können den Teig auch mit Thymian oder Rosmarin würzen.

Statt gelbes Polentamehl können Sie Buchweizenmehl oder weißes Polentamehl verwenden.

Kürbiskernbrötchen

Für 15 Brötchen
(etwa 900 g Teig)

ZUTATEN

- 25 g ***Hefe***
- 260 ml ***lauwarmes Wasser***
- 500 g ***Weizenmehl***
- 2 ***Eier***
- 2 EL ***Kürbiskernöl***
- 100 g ***Kürbis,*** *gekocht und püriert*
- 1 EL ***Rosmarin,*** *fein gehackt*
- 2 g ***Fenchelsamen,*** *zerstoßen*
- 10 g ***Salz***

WEITERES

- 1 ***Ei*** *zum Bestreichen*
- 1 EL ***Salzblüte*** *(Fleur de Sel)*
- 2 EL ***Kürbiskerne,*** *grob gehackt*

Backzeit und -temperatur:
etwa 15 Minuten
170 Grad

Backzeit und -temperatur:
etwa 18 Minuten
190 Grad

Zubereitungszeit:
etwa 1 Stunde

Zubereitung

- Hefe im Wasser auflösen.
- Mit Weizenmehl, Eiern, Kürbiskernöl, Kürbispüree, Rosmarin, Fenchelsamen und Salz zu einem Teig verkneten.
- Mit einem Tuch zugedeckt etwa 20 Minuten bei maximal 35 Grad gehen lassen.

Fertigstellung

- Den Teig halbieren, jede Hälfte zu einem Strang rollen und gleich große Stücke abschneiden.
- Jeden Teigling rund schleifen, mit verquirltem Ei bestreichen und mit Salzblüte und Kürbiskernen bestreuen.
- Auf ein mit Backpapier belegtes Backblech setzen und 15 Minuten gehen lassen.
- Im vorgeheizten Backofen backen.

Tipps

Sie können verschiedene Trockenfrüchte (Sultaninen, Rosinen, Feigen) oder Nüsse unter den Teig kneten.

Statt Kürbiskernöl können Sie Olivenöl verwenden.

Sie können aus dem Teig auch drei Baguettes formen.

Variation

Süßkartoffelbrötchen: Ersetzen Sie das Kürbispüree durch gekochte und pürierte Süßkartoffeln.

Kürbiskernbaguette

Kürbiskernbrötchen

Besonderheit

Für mehr Farbe im Brotkorb

Mohnbrötchen

Für 15 Brötchen
(etwa 850 g Teig)

ZUTATEN
300 ml ***Wasser***
1 TL ***Honig***
20 g ***Hefe***
500 g ***Weizenmehl***
1 EL ***Olivenöl***
15 g ***Salz***

WEITERES
30 ml ***Ei*** *zum Bestreichen*
30 g ***Mohn*** *zum Bestreuen*

Backzeit und -temperatur:
etwa 15 Minuten
180 Grad

Backzeit und -temperatur:
etwa 20 Minuten
200 Grad

Zubereitungszeit:
etwa 1 Stunde

Zubereitung

- Wasser mit Honig erwärmen und die zerbröselte Hefe darin auflösen.
- Weizenmehl, Olivenöl und Salz zur aufgelösten Hefe geben und alles zu einem geschmeidigen Teig verkneten.
- Den Teig mit einem Tuch abdecken und bei maximal 35 Grad auf das doppelte Volumen aufgehen lassen.

Fertigstellung

- Aus dem Teig 15 runde Brötchen formen, mit verquirltem Ei bestreichen und mit Mohn bestreuen.
- Die Brötchen auf ein mit Backpapier ausgelegtes Backblech setzen und bei Zimmertemperatur etwa 15 Minuten gehen lassen.
- Im vorgeheizten Backofen backen.

Tipps

Anstelle des Mohns können Sie auch Sesam, Fenchelsamen, Kümmel usw. verwenden.

Sie können noch Trockenfrüchte (z. B. Sultaninen, Rosinen, Feigen) unter den Teig kneten.

Variation

Zwiebelbrot: Geben Sie zum Teig noch 100 g geschmorte Zwiebelwürfel.

Kümmel-Salzstriezel

Für 12 Striezel
(etwa 900 g Teig)

ZUTATEN

- 25 g ***Hefe***
- 320 ml ***lauwarme Milch***
- 550 g ***Weizenmehl***
- 50 g ***Schweineschmalz*** *oder Butter*
- 15 g ***Salz***
- 1 EL ***Ahornsirup*** *oder Zucker*

WEITERES

- 2 EL ***Milch*** *zum Bestreichen*
- ***Salzblüte*** *(Fleur de Sel) zum Bestreuen*
- ***Kümmel*** *zum Bestreuen*

Backzeit und -temperatur:
etwa 13 Minuten
200 Grad

Backzeit und -temperatur:
etwa 18 Minuten
220 Grad

Zubereitungszeit:
etwa $1^1/_2$ Stunden

Zubereitung

- Hefe in lauwarmer Milch auflösen.
- Mit Weizenmehl, Schweineschmalz, Salz und Ahornsirup in der Küchenmaschine zu einem glatten und geschmeidigen Teig verkneten.
- Den Teig mit einem Tuch zudecken und an einem warmen Ort bei maximal 35 Grad etwa 30 Minuten auf das doppelte Volumen aufgehen lassen.

Fertigstellung

- Den Teig auf einer bemehlten Arbeitsplatte zu einem etwa 1 cm dicken Rechteck ausrollen.
- Teigplatte in Dreiecke schneiden. Dreiecke von der breiten Seite zur Spitze hin einrollen.
- Die Hörnchen mit etwas Milch bestreichen und mit Salzblüte und Kümmel bestreuen.
- Die Hörnchen auf ein mit Backpapier ausgelegtes Backblech setzen und zugedeckt etwa 10 Minuten gehen lassen.
- Im vorgeheizten Backofen backen.

Tipps

Sie können die Hörnchen auch mit gehackten Nüssen bestreuen.

Füllen Sie die Hörnchen mit gehackten Sardellen.

Besonderheit

Würzbissen zum Aperitif

Leinsamenölbrot

Für 2 Brote
(etwa 1 kg Teig)

ZUTATEN

- 380 g **mehlige Kartoffeln**
- 175 ml **Kartoffelkochwasser**
- 15 g **Hefe**
- 500 g **Weizenmehl**
- 45 ml **Leinsamenöl**
- 2 TL **Zucker**
- 1 EL **Fenchelsamen**
- 20 g **Leinsamen**
- 15 g **Salz**

Backzeit und -temperatur:
etwa 35 Minuten
180 Grad

Backzeit und -temperatur:
etwa 40 Minuten
200 Grad

Zubereitungszeit:
etwa 3 Stunden

Zubereitung

- Kartoffeln schälen, in 2 x 2 cm große Stücke schneiden und in Wasser etwa 20 Minuten weich kochen.
- Kartoffeln abgießen und das Kochwasser dabei auffangen. 175 ml Kochwasser abmessen und etwas auskühlen lassen.
- Kartoffeln durch die Kartoffelpresse drücken und auf etwa 25 Grad auskühlen lassen. Mit Kartoffelwasser und Hefe vermischen.
- Weizenmehl, Kartoffel-Hefe-Gemisch, Leinsamenöl, Zucker, Fenchelsamen, Leinsamen und Salz in der Küchenmaschine 6 Minuten auf langsamer Stufe und 4 Minuten auf schneller Stufe zu einem Teig verkneten.
- Den Teig abdecken und etwa 20 Minuten gehen lassen.

Fertigstellung

- Den Teig halbieren und jede Hälfte rund wirken. Teiglinge auf ein mit Backpapier belegtes Backblech legen.
- Die Teiglinge abgedeckt etwa 10 Minuten gehen lassen.
- Mit einem scharfen Messer die Oberfläche längs einschneiden und die Teiglinge mit Wasser besprühen.
- In den vorgeheizten Backofen schieben und 10 Minuten mit leicht geöffneter Backofentür (bei offenem Zug) backen.
- Brotlaibe noch einmal mit Wasser besprühen und die Backofentür sofort schließen. Backen (bei geschlossenem Zug), bis die Kruste dunkelbraun ist.
- Herausnehmen und auf einem Gitterrost auskühlen lassen.

Tipps

Sie können auch gekochte, passierte Kastanien verwenden.

Statt Leinsamen und Leinsamenöl können Sie auch gehackte Walnüsse und Walnussöl verwenden.

Backen Sie das Brot in einer ausgebutterten und mit Mehl ausgestreuten Kastenform.

Besonderheit

Nicht nur gesund, sondern auch aromatisch

Seppiabrot

Für 2 Brote
(etwa 800 g Teig)

ZUTATEN

20 g ***Hefe***
250 ml ***lauwarme Milch***
500 g ***Weizenmehl***
4 ***Eigelb***
60 g ***weiche Butter***
2 Pkg. ***Seppia-Tinte***
1 ***Knoblauchzehe,*** *fein gehackt*
10 g ***Salz***

WEITERES

Weizenmehl *zum Bestreuen*

Backzeit und -temperatur (Umluft):
etwa 25 Minuten
180 Grad

Backzeit und -temperatur (Ober-/Unterhitze):
etwa 30 Minuten
200 Grad

Zubereitungszeit:
etwa 1½ Stunden

Zubereitung

- Hefe in Milch auflösen.
- Weizenmehl, Eigelb, Butter, Seppia-Tinte, Knoblauch und Salz dazugeben und alles in der Küchenmaschine zu einem geschmeidigen Teig verkneten.
- Den Teig mit einem Tuch oder Klarsichtfolie zudecken und bei maximal 35 Grad etwa 20 Minuten gehen lassen.

Fertigstellung

- Den Teig halbieren, aus jeder Hälfte ein längliches Brot formen und mit Mehl bestreuen.
- Die Brote mit einem scharfen Messer mehrmals schräg einschneiden.
- Auf ein mit Backpapier ausgelegtes Backblech setzen und zugedeckt etwa 20 Minuten gehen lassen.
- Im vorgeheizten Backofen backen.

Tipps

Seppia-Tinte finden Sie in gut sortierten Supermärkten oder bei Ihrem Fischhändler.

Wenn Sie die Seppia-Tinte durch Tomatenmark ersetzen, bekommen Sie ein wohlschmeckendes Tomatenbrot.

Teilen Sie den Teig in sechs Portionen (jeweils etwa 130 g) und formen Sie daraus Brötchen. Die Backzeit verringert sich dann auf etwa 15 Minuten | 20 Minuten. Sie können die Brötchen sehr gut für die Herstellung eines Fisch-Burgers verwenden.

Sie können die Brötchen auch mit Milch bestreichen und mit Kokosflocken oder Sesam bestreuen.

Besonderheit

Geeignet für Fisch-Burger

Besonderheit

Bockshornmehl-Brioche passt perfekt zu delikaten Vorspeisen.

Bockshornmehl-Brioche

Für 2 Brote
(etwa 850 g Teig)

ZUTATEN

230 ml ***lauwarme Milch***
30 g ***Hefe***
1 EL ***Waldhonig***
450 g ***Weizenmehl***
50 g ***Bockshornmehl,*** *fein*
4 ***Eigelb***
70 g ***weiche Butter***
1 EL ***Nussöl***
10 g ***Salz***

WEITERES

Butter *für die Form*
Weizenmehl *für die Form*
1 ***Ei*** *zum Bestreichen*

Backzeit und -temperatur:
etwa 25 Minuten
170 Grad

Backzeit und -temperatur:
etwa 30 Minuten
200 Grad

Zubereitungszeit:
etwa 2 Stunden

Zubereitung

- Milch, Hefe und Waldhonig so lange verrühren, bis sich die Hefe aufgelöst hat.
- Weizenmehl, Bockshornmehl, Eigelb, Butter, Nussöl und Salz dazugeben und alles in der Küchenmaschine zu einem geschmeidigen Teig verkneten.
- Den Teig mit einem Tuch abdecken und bei maximal 35 Grad 20 Minuten gehen lassen.

Fertigstellung

- Den Teig halbieren und daraus zwei längliche Brote formen.
- In gebutterte und mit Weizenmehl ausgestreute Kastenformen setzen und mit verquirltem Ei bestreichen.
- Mit einem Tuch abdecken und an einem warmen Ort auf das doppelte Volumen aufgehen lassen.
- Im vorgeheizten Backofen backen.

Tipps

Bestreuen Sie die Brote mit Mohn-, Lein- oder Chia-Samen.

Sie können aus dem Teig auch Mini-Brötchen formen. Die Backzeit verringert sich dann auf auf etwa 15 Minuten | 20 Minuten.

Ersetzen Sie die Butter durch Olivenöl oder Schweineschmalz.

Besonderheit

Ideal zum Aperitif

Brot mit getrockneten Tomaten

Für 6 Brote
(etwa 1 kg Teig)

ZUTATEN

- *125 ml* ***lauwarme Milch***
- *1 EL* ***Honig***
- *25 g* ***Hefe***
- *600 g* ***Weizenmehl***
- *200 g* ***Naturjoghurt*** *oder Kefir*
- *2* ***Eier***
- *2 EL* ***Thymian***
- *1 TL* ***Oregano***
- *150 g* ***getrocknete Tomaten,*** *gehackt*
- *3 EL* ***Tomatenmark***
- *10 g* ***Salz***

WEITERES

- *1 EL* ***Oregano*** *zum Bestreuen*

Backzeit und -temperatur:
etwa 18 Minuten
180 Grad

Backzeit und -temperatur:
etwa 22 Minuten
200 Grad

Zubereitungszeit:
etwa 1½ Stunden

Zubereitung

- Milch, Honig und Hefe so lange verrühren, bis sich die Hefe aufgelöst hat.
- Abgedeckt etwa 10 Minuten an einem warmen Ort gehen lassen.
- Weizenmehl, Naturjoghurt, Eier, Thymian, Oregano, getrocknete Tomaten, Tomatenmark und Salz dazugeben und alles in der Küchenmaschine zu einem geschmeidigen Teig verkneten.
- Den Teig mit Klarsichtfolie oder einem Tuch zudecken und 15 Minuten bei maximal 35 Grad gehen lassen.

Fertigstellung

- Den Teig in 18 gleich große Portionen teilen, zu Strängen formen und aus jedem Strang einen Einser-Zopf (siehe Seite 26) flechten.
- Zöpfe auf ein mit Backpapier ausgelegtes Backblech setzen und mit Oregano bestreuen.
- Abgedeckt an einem warmen Ort auf das doppelte Volumen aufgehen lassen.
- Im vorgeheizten Backofen backen.

Tipps

Anstelle der getrockneten Tomaten können Sie zusätzlich 2 Esslöffel Tomatenmark verwenden.

Sie können auch Rosinen, gehackte Nüsse oder Pinoli unter den Teig kneten.

Den Brotteig können Sie auch in einer Kastenform backen. Backtemperatur und -zeit verändern sich dann auf etwa 160 Grad 30 Minuten | 180 Grad 40 Minuten.

Chia-Samen-Brötchen

Für 15 Brötchen
(etwa 700 g Teig)

ZUTATEN
- 60 g ***Chia-Samen***
- 245 ml ***lauwarmes Wasser***
- 15 g ***Hefe***
- 20 g ***Honig***
- 300 g ***Weizenmehl***
- 80 g ***Speck,*** *in kleine Würfel geschnitten*
- 10 g ***Salz***

WEITERES
- 1 ***Ei*** *zum Bestreichen*
- 20 g ***Chia-Samen*** *zum Bestreuen*

Backzeit und -temperatur:
etwa 15 Minuten
160 Grad

Backzeit und -temperatur:
etwa 18 Minuten
180 Grad

Zubereitungszeit:
etwa 1½ Stunden

Zubereitung

- Chia-Samen in 75 ml Wasser etwa 30 Minuten quellen lassen.
- 170 ml Wasser mit der zerbröselten Hefe und Honig verrühren, bis sich die Hefe aufgelöst hat.
- Weizenmehl, Speckwürfel, Chia-Samen und Salz dazugeben und mit den Knethaken des Handrührgerätes oder in der Küchenmaschine zu einem geschmeidigen Teig verkneten.
- Den Teig mit einem Tuch abdecken und bei maximal 35 Grad auf das doppelte Volumen aufgehen lassen.

Fertigstellung

- Den Teig teilen und daraus zwei Stränge formen. Von den Teigsträngen 15 gleich große Stücke abschneiden und rund schleifen.
- Brötchen auf ein mit Backpapier ausgelegtes Backblech setzen und zugedeckt bei Zimmertemperatur etwa 20 Minuten gehen lassen.
- Mit verquirltem Ei bestreichen, mit Chia-Samen bestreuen und im vorgeheizten Backofen backen.

Tipps

Statt Speck können Sie auch Sultaninen, getrocknete Marillen, getrocknete Feigen oder Nüsse unter den Teig kneten.

Setzen Sie die Brötchen mit Abstand auf das Backblech, da sie beim Backen noch aufgehen.

Besonderheit

Bringen Abwechslung in den Brotkorb.

Hanfbrot

Für 2 Brote
(etwa 1,6 kg Teig)

ZUTATEN
500 ml ***lauwarmes Wasser***
430 g ***Roggen-Sauerteig*** *(siehe Seite 51)*
20 g ***Hefe***
360 g ***Weizenmehl***
250 g ***Roggenmehl***
50 g ***Hanfsamen,*** *geschält und zerstoßen*
60 g ***Hanfmehl***
30 ml ***Hanföl***
18 g ***Salz***

WEITERES
50 g ***zerlassene Butter***

Backzeit und -temperatur:
etwa 30 Minuten
180 Grad

Backzeit und -temperatur:
etwa 40 Minuten
200 Grad

Zubereitungszeit:
etwa 1½ Stunden

Zubereitung

- Wasser mit Sauerteig und Hefe verrühren.
- Zusammen mit Weizenmehl, Roggenmehl, Hanfsamen, Hanfmehl, Hanföl und Salz in der Küchenmaschine zu einem glatten Teig verkneten.
- Den Teig mit Klarsichtfolie oder einem Tuch zudecken und etwa 20 Minuten bei maximal 35 Grad gehen lassen.

Fertigstellung

- Den Teig in acht Stücke teilen und rund schleifen.
- Die Teiglinge in die zerlassene Butter tauchen und jeweils vier in eine Kastenform setzen.
- Mit einem Tuch abdecken und an einem warmen Ort auf das doppelte Volumen aufgehen lassen.
- Im vorgeheizten Backofen backen.

Tipps

Sie können das Hanfmehl auch durch Buchweizenmehl oder fein geriebene Walnüsse ersetzen.

Statt Hanföl verwenden Sie Nussöl.

Besonderheit

Das Hanfbrot schmeckt besonders gut zu geräuchertem Fleisch (z. B. Speck oder Rindsgeselchtes) oder Fisch.

Quinoabrötchen

Für 15 Brötchen
(etwa 800 g Teig)

ZUTATEN
250 ml ***lauwarmes Wasser***
25 g ***Hefe***
400 g ***Weizenmehl***
20 g ***weiche Butter***
1 EL ***Sesamöl***
100 g ***schwarze Quinoa,*** *gekocht*
15 g ***Salz***
Milch *zum Bestreichen*

WEITERES
gepuffte Quinoa *zum Bestreuen*

Backzeit und -temperatur:
etwa 15 Minuten
180 Grad

Backzeit und -temperatur:
etwa 20 Minuten
200 Grad

Zubereitungszeit:
etwa 1½ Stunden

Zubereitung

- Wasser und Hefe verrühren, bis sich die Hefe aufgelöst hat.
- Weizenmehl, Butter, Sesamöl, gekochte Quinoa und Salz dazugeben und alles zu einem geschmeidigen Teig verkneten.
- Den Teig mit einem Tuch zudecken und bei maximal 35 Grad etwa 20 Minuten gehen lassen.

Fertigstellung

- Den Teig halbieren, zu zwei Strängen formen und in gleich große Stücke schneiden.
- Jeden Teigling rund wirken, mit Milch bestreichen und mit gepuffter Quinoa bestreuen.
- Auf ein mit Backpapier ausgelegtes Backblech setzen und zugedeckt an einem warmen Ort auf das doppelte Volumen aufgehen lassen.
- Im vorgeheizten Backofen backen.

Tipps

Sie können das Sesamöl durch Leindotteröl oder Leinsamenöl ersetzen.

Sie können auch gekochte rote Quinoa verwenden.

Servieren Sie die Brötchen mit Avocado und Tomaten.

Variationen

Hirsebrötchen: Ersetzen Sie die gekochte Quinoa durch gekochte Hirse.

Amarantbrötchen: Statt gekochter Quinoa verwenden Sie gekochten Amarant.

Besonderheit

Für alle, die offen sind für neue Geschmäcker.

Besonderheit

Braucht keine Begleiter.

Gefülltes Kastanienbrot

Für 2 Brote
(etwa 900 g Teig)

TEIG
500 g ***Weizenmehl***
20 g ***Hefe***
½ EL ***Honig***
200 ml ***lauwarmes Wasser***
100 g ***mehlige Kartoffeln,*** *gekocht und passiert*
50 ml ***Olivenöl***
15 g ***Salz***

FÜLLUNG
30 ml ***Olivenöl***
200 g ***Zwiebeln,*** *in Streifen geschnitten*
200 g ***Bauchspeck,*** *in Streifen geschnitten*
300 g ***gekochte Kastanien,*** *grob zerteilt*
1 TL ***Thymian,*** *fein geschnitten*
Salz
Pfeffer *aus der Mühle*

WEITERES
1 ***Ei*** *zum Bestreichen*

Backzeit und -temperatur:
etwa 20 Minuten
200 Grad

Backzeit und -temperatur:
etwa 24 Minuten
220 Grad

Zubereitungszeit:
etwa 1 Stunde

Teig

- Weizenmehl in eine Schüssel geben und in die Mitte eine Mulde drücken.
- Hefe und Honig in Wasser auflösen, in die Mehlmulde gießen und etwa 10 Minuten zugedeckt gehen lassen.
- Kartoffeln, Olivenöl und Salz dazugeben und alles zu einem glatten, geschmeidigen Teig verkneten.
- Den Teig zudecken und an einem warmen Ort etwa 20 Minuten auf das doppelte Volumen aufgehen lassen.

Füllung

- Olivenöl in einer Pfanne erhitzen und Zwiebeln und Speck darin dünsten.
- Die gekochten Kastanien dazugeben und mit Thymian, Salz und Pfeffer würzen.
- Etwas auskühlen lassen.

Fertigstellung

- Den Teig nochmals durchkneten, halbieren und jede Hälfte zu einem Rechteck ausrollen.
- Jeweils die Hälfte der Füllung in die Mitte der beiden Teigrechtecke geben und den Teig wie einen Strudel zusammenlegen.
- Auf ein mit Backpapier belegtes Backblech setzen und mit verquirltem Ei bestreichen.
- Im vorgeheizten Backofen backen.

Besonderheit

Deftiges Gericht, ideal zu Sauerkraut

Plunzenbrioche

Für 1 Brot
(etwa 300 g Teig)

TEIG
200 g ***Weizenmehl***
15 g ***Hefe***
1 Msp. ***Zucker***
40 ml ***lauwarme Milch***
2 ***Eier***
80 g ***zerlassene Butter***
Salz

FÜLLUNG
150 g ***gekochter Kalbskopf,*** *in Würfel geschnitten*
150 g ***gekochte Blutwurst,*** *in Scheiben geschnitten*
50 g ***gedünstete Zwiebelwürfel***
1 EL ***Petersilie,*** *fein geschnitten*
1 EL ***Majoran,*** *fein geschnitten*

WEITERES
Weizenmehl *zum Bestreuen und für die Form*
weiche Butter *für die Form*

Backzeit und -temperatur:
etwa 15 Minuten
180 Grad

Backzeit und -temperatur:
etwa 20 Minuten
200 Grad

Zubereitungszeit:
etwa 1½ Stunden

Teig

- Weizenmehl in eine Schüssel geben und in die Mitte eine Vertiefung drücken.
- Hefe zerbröckeln, mit Zucker und Milch in die Mulde geben, verrühren.
- Etwas Weizenmehl vom Rand über die Hefe-Milch-Mischung streuen und den Vorteig mit einem Tuch abdecken.
- An einem warmen Ort bei maximal 35 Grad etwa 20 Minuten gehen lassen, bis die Oberfläche Risse zeigt.
- Eier, Butter und Salz zufügen und alles mit der Küchenmaschine oder den Knethaken des Handrührgerätes zu einem glatten, glänzenden Teig verkneten.
- Den Teig mit etwas Weizenmehl bestreuen, mit einem Tuch abdecken und so lange gehen lassen, bis sich das Volumen verdoppelt hat.

Füllung

- Kalbskopf, Blutwurst, Zwiebeln, Petersilie und Majoran vermischen.

Fertigstellung

- Den Teig noch einmal kurz durchkneten und auf einer bemehlten Arbeitsplatte zu einem Rechteck ausrollen.
- Die Füllung in die Mitte des Teigrechtecks geben, den Teig darüberklappen, gut verschließen und in eine ausgebutterte und mit Mehl ausgestreute Kastenform legen.
- Mit einem Tuch abdecken und etwa 25 Minuten gehen lassen.
- Im vorgeheizten Backofen backen.
- Das Brot aus der Form stürzen und noch warm servieren.

Tipps

Während des Backvorganges sollten Sie für genügend Feuchtigkeit sorgen. Stellen Sie dafür einfach ein feuerfestes Gefäß mit Wasser in den Backofen.

Sie können das Brot auch mit gebratener Hühnerleber füllen.

Servieren Sie die Plunzenbrioche zu kalten Vorspeisen.

Besonderheit

Vital-Kräcker – schmecken besonders gut.

Körner-Knäckebrot

Für etwa 25 Stück
(etwa 500 g Teig)

ZUTATEN
- 100 g ***Roggenmehl***
- 5 g ***Salz***
- 75 g ***Leinsamen***
- 50 g ***Sonnenblumenkerne***
- 25 g ***Sesam***
- 50 g ***Kürbiskerne***
- 250 ml ***Wasser***
- 50 ml ***Olivenöl***

Backzeit und -temperatur:
etwa 30 Minuten
150 Grad

Backzeit und -temperatur:
etwa 35 Minuten
160 Grad

Zubereitungszeit:
etwa 1½ Stunden

Zubereitung

- Roggenmehl in eine Schüssel geben und mit Salz, Leinsamen, Sonnenblumenkernen, Sesam und Kürbiskernen vermischen.
- Wasser erhitzen und mit Olivenöl zur Mehlmischung geben. In der Küchenmaschine oder mit den Knethaken des Handrührgerätes zu einem geschmeidigen Teig verkneten.

Fertigstellung

- Den Teig auf ein mit Backpapier ausgelegtes Backblech geben und mit einer Teigkarte möglichst dünn verstreichen.
- Mit einem Messer zweimal längs und drei- bis viermal quer einschneiden, sodass rechteckige Stücke markiert sind und Sollbruchstellen entstehen.
- Im vorgeheizten Backofen auf der untersten Einschubleiste goldbraun und knusprig backen.
- Herausnehmen und mit dem Backpapier auf einen Gitterrost ziehen. Vollständig auskühlen lassen.
- Das Knäckebrot entlang der Sollbruchstellen in Stücke brechen.

Tipps

Bewahren Sie das Knäckebrot möglichst luftdicht auf, zum Beispiel in einer gut schließenden Blechdose. So bleibt es schön knusprig.

Ersetzen Sie das Roggenmehl durch Dinkelmehl.

Sie können für den Teig auch Kräutersalz verwenden. Das Brot bekommt dadurch einen besonderen Geschmack.

Variation

Hirseknäckebrot: Ersetzen Sie das Roggenmehl durch Hirsemehl.

MEDITERRANE BROTE

Oliven-Ciabatta

Für 15 Ciabatte
(etwa 1 kg Teig)

VORTEIG
200 g **Weizenmehl**
500 ml **lauwarmes Wasser**
10 g **Hefe**
2 TL **Zucker**

HAUPTTEIG
550 g **Weizenmehl**
160 ml **Olivenöl**
200 g **schwarze Oliven,** *entsteint*
10 g **Salz**

WEITERES
Weizenmehl *zum Bestreuen*

Backzeit und -temperatur:
etwa 15 Minuten
220 Grad

Backzeit und -temperatur:
etwa 20 Minuten
240 Grad

Zubereitungszeit:
etwa 7 Stunden

Vorteig

- Weizenmehl, Wasser, Hefe und Zucker gut verrühren und zugedeckt etwa 1 Stunde bei Zimmertemperatur gehen lassen.

Hauptteig

- Weizenmehl, Olivenöl, schwarze Oliven und Salz zum Vorteig geben und in der Küchenmaschine langsam verkneten.
- Den Teig zugedeckt an einem warmen Ort etwa 3 Stunden gehen lassen.
- Nochmals durchkneten, mit einem Tuch zudecken und etwa 2 Stunden gehen lassen.

Fertigstellung

- Den Teig in gleich große Portionen teilen.
- Die Teiglinge zu länglichen, spitz zulaufenden Ciabatte formen, auf ein mit Backpapier ausgelegtes Backblech setzen und mit etwas Weizenmehl bestreuen. Etwa 30 Minuten gehen lassen.
- In den vorgeheizten Backofen schieben, beschwaden und backen (bei geschlossenem Zug).

Tipps

Zum Beschwaden schütten Sie eine Tasse kochendes Wasser direkt auf den heißen Backofenboden und schließen die Ofentür sofort wieder. Alternativ können Sie während der ersten Hälfte des Backvorgangs auch ein feuerfestes Gefäß mit Wasser in den Backofen stellen. Die Dampfbildung (Schwaden) sorgt dafür, dass das Brot schön aufgeht. Bei „geschlossenem Zug“ heißt, dass die Backofentür geschlossen ist, damit der Dampf nicht entweicht.

Statt kleiner Ciabatte können Sie auch zwei große formen.

Variationen

Tomaten-Ciabatta: Ersetzen Sie die Oliven durch getrocknete Tomaten.

Pilz-Ciabatta: Statt Oliven verwenden Sie eingelegte Pilze (z. B. Pfifferlinge oder Steinpilze).

Besonderheit

Schmeckt nach Urlaub.

Dinkel-Ciabatta

Für 15 Ciabatte
(etwa 1,2 kg Teig)

ZUTATEN
- 450 g **Dinkelmehl**
- 250 g **Weizenmehl**
- 500 ml **lauwarmes Wasser**
- 10 g **Hefe**
- 8 g **Zucker**
- 50 g **Naturjoghurt**
- 7 g **Salz**

WEITERES
- **Weizenmehl** zum Bestreuen

Backzeit und -temperatur:
etwa 15 Minuten
220 Grad

Backzeit und -temperatur:
etwa 20 Minuten
240 Grad

Zubereitungszeit:
etwa 4 Stunden

Zubereitung

- Dinkelmehl, Weizenmehl, Wasser, Hefe, Zucker und Naturjoghurt vermischen.
- Salz zugeben und in der Küchenmaschine etwa 7 Minuten auf langsamer Stufe verkneten.
- Den Teig mit einem Tuch abdecken und 3–4 Stunden an einem warmen Ort gehen lassen.

Fertigstellung

- Den Teig zu einem Strang rollen und in gleich große Stücke schneiden.
- Die Teiglinge mit viel Weizenmehl bestreuen und auf ein mit Backpapier ausgelegtes Backblech setzen.
- Mit einem Tuch abdecken und an einem warmen Ort auf das doppelte Volumen aufgehen lassen.
- In den vorgeheizten Backofen schieben, beschwaden und backen (bei geschlossenem Zug).

Tipp

Zum Beschwaden schütten Sie eine Tasse kochendes Wasser direkt auf den heißen Backofenboden und schließen die Ofentür sofort wieder. Alternativ können Sie während der ersten Hälfte des Backvorgangs auch ein feuerfestes Gefäß mit Wasser in den Backofen stellen. Die Dampfbildung (Schwaden) sorgt dafür, dass die Ciabatte schön aufgehen. Bei „geschlossenem Zug“ heißt, dass die Backofentür geschlossen ist, damit der Dampf nicht entweicht.

Besonderheit

Luftig und locker

Mantovane

Für etwa 10 Brötchen
(etwa 800 g Teig)

ZUTATEN

300 g ***Weizenmehl***
200 g ***Manitoba-Mehl***
230 ml ***lauwarmes Wasser***
20 g ***Hefe***
2 EL ***Backmalz*** *oder Honig*
60 g ***Schweinsschmalz*** *oder Olivenöl*
7 g ***Salz***

WEITERES

2 EL ***Olivenöl*** *zum Bestreichen*
1 ***Ei*** *zum Bestreichen*

Backzeit und -temperatur:
etwa 20 Minuten
200 Grad

Backzeit und -temperatur:
etwa 25 Minuten
220 Grad

Zubereitungszeit:
etwa 5 Stunden

Zubereitung

- 150 g Weizenmehl, Manitoba-Mehl, Wasser, Hefe und Backmalz gut verrühren und zugedeckt etwa 1 Stunde bei Zimmertemperatur gehen lassen.
- Die restlichen 150 g Weizenmehl, Schweinsschmalz und Salz dazugeben und alles gut verkneten.
- Den Teig bei Zimmertemperatur etwa 3 Stunden gehen lassen.

Fertigstellung (siehe Seite 28)

- Den Teig noch einmal gut durchkneten und in gleich große Stücke teilen.
- Die Teiglinge rund schleifen und mit dem Nudelholz zu 15 cm langen Rechtecken ausrollen.
- Die Teigblätter mit Olivenöl bestreichen und wie Rouladen einrollen.
- Die Brötchen etwas gehen lassen, auf ein mit Backpapier ausgelegtes Backblech setzen, mit etwas verquirltem Ei bestreichen und mit einem scharfen Messer längs einschneiden. Abgedeckt gehen lassen.
- Im vorgeheizten Backofen backen.

Tipp

Sie können zum Bestreichen der Brötchen auch Wasser oder Olivenöl verwenden.

Besonderheit

Ein besonderes Brot – passt zu allen Pasta-Gerichten.

Brot mit Taggiasca-Oliven

Für 2 Brote
(etwa 900 g Teig)

ZUTATEN
250 ml **Milch**
20 g **Hefe**
20 g **Honig** *oder Zucker*
250 g **Weizenmehl**
250 g **Weizenvollkornmehl**
1 **Eigelb**
40 g **weiche Butter**
100 g **Taggiasca-Oliven**, *entsteint*
15 g **Salz**

WEITERES
1 **Ei** *zum Bestreichen*
Weizenmehl *zum Bestreuen*

Umluft: Backzeit und -temperatur:
etwa 15 Minuten
180 Grad

Ober-/Unterhitze: Backzeit und -temperatur:
etwa 18 Minuten
200 Grad

Zubereitungszeit:
etwa 1 Stunde

Zubereitung

- Die Milch erwärmen und mit zerbröselter Hefe und Honig verrühren, bis sich die Hefe aufgelöst hat.
- Weizenmehl, Weizenvollkornmehl, Eigelb, Butter, Oliven und Salz dazugeben und alles zu einem geschmeidigen Teig verkneten.
- Den Teig mit einem Tuch abdecken und an einem warmen Ort auf das doppelte Volumen aufgehen lassen.

Fertigstellung

- Aus dem Teig zwei Brotlaibe formen. Auf ein mit Backpapier ausgelegtes Backblech setzen, die Oberfläche mit einem scharfen Messer einschneiden und zugedeckt bei Zimmertemperatur etwa 20 Minuten gehen lassen.
- Mit verquirltem Ei bestreichen, mit Mehl bestreuen und im vorgeheizten Backofen backen.

Tipps

Statt der Oliven können Sie Trockenfrüchte (z. B. Feigen, Äpfel, Birnen, Pflaumen) oder Nüsse verwenden.

Das Olivenbrot schmeckt warm besonders gut, vor allem zu kalten Vorspeisen.

Sie können aus dem Teig auch Brötchen backen. Dazu formen Sie den Teig zu einem Strang und schneiden davon fünf gleich große Stücke ab. Jedes Teigstück zu einer kleinen Kugel schleifen. Die Backzeit verringert sich dann auf etwa (Umluft) 12 Minuten | (Ober-/Unterhitze) 15 Minuten. Legen Sie die Brötchen nicht zu eng auf das Backblech, da sie beim Backen noch etwas aufgehen.

Besonderheit

Passt zu Salami aller Art.

Sardellen-Focaccia

Für 16 Focaccias
(etwa 800 g Teig)

ZUTATEN

500 g ***Weizenmehl***
25 g ***Hefe***
½ EL ***Zucker***
250 ml ***lauwarmes Wasser***
50 ml ***Olivenöl***
15 g ***Salz***

WEITERES

150 g ***eingelegte Sardellenfilets***
100 ml ***Olivenöl***
Salzblüte *(Fleur de Sel) zum Bestreuen*
Oregano *zum Bestreuen*

Backzeit und -temperatur:
etwa 15 Minuten
200 Grad

Backzeit und -temperatur:
etwa 20 Minuten
220 Grad

Zubereitungszeit:
etwa 1 Stunde

Zubereitung

- Weizenmehl in eine Schüssel sieben, in die Mitte eine Mulde drücken.
- Hefe und Zucker im Wasser auflösen, in die Mehlmulde gießen und etwa 10 Minuten zugedeckt gehen lassen.
- Olivenöl und Salz dazugeben und alles zu einem glatten, geschmeidigen Teig verkneten.
- Den Teig mit einem Tuch zudecken und an einem warmen Ort 20 Minuten gehen lassen, bis die Oberfläche Risse zeigt.

Fertigstellung

- Den Teig nochmals durchkneten, etwa 3 cm dick ausrollen und mit einem runden Ausstecher (Ø etwa 6 cm) Teiglinge ausstechen. Auf ein mit Backpapier ausgelegtes Backblech setzen.
- Mit dem Kochlöffelstiel kleine Löcher in die Teiglinge drücken. Sardellenfilets hineinlegen und Olivenöl darübergießen. Mit einem Tuch zudecken und auf das doppelte Volumen aufgehen lassen.
- Die Teiglinge mit Salzblüte und Oregano bestreuen und im vorgeheizten Backofen backen.

Variationen

Datteltomaten-Focaccia: Anstelle der eingelegten Sardellen verwenden Sie Datteltomaten.

Focaccia mit Rohschinken und Pecorino: Ersetzen Sie die Sardellen durch in Würfel geschnittenen Rohschinken und Pecorino.

Besonderheit

Sehr würziges Brot

Oliven-Focaccia

Für 1 Focaccia
(etwa 800 g Teig)

ZUTATEN

350 g ***Dinkelmehl***
150 g ***Hartweizenmehl***
20 g ***Hefe***
½ EL ***Zucker***
150 ml ***lauwarmes Wasser***
100 ml ***Malzbier***
50 ml ***Olivenöl***
15 g ***Salz***

WEITERES

150 g ***schwarze Oliven,*** *entsteint*
100 ml ***Olivenöl***
Salzblüte *(Fleur de Sel) zum Bestreuen*

Backzeit und -temperatur:
etwa 15 Minuten
200 Grad

Backzeit und -temperatur:
etwa 20 Minuten
220 Grad

Zubereitungszeit:
etwa 1 Stunde

Zubereitung

- Dinkelmehl und Hartweizenmehl in eine Rührschüssel sieben und in die Mitte eine Mulde drücken.
- Hefe und Zucker im Wasser auflösen, in die Mehlmulde gießen und zugedeckt etwa 10 Minuten an einem warmen Ort gehen lassen.
- Malzbier, Olivenöl und Salz dazugeben und alles in der Küchenmaschine zu einem glatten Teig verkneten.
- Den Teig mit einem Tuch zudecken und an einem warmen Ort etwa 20 Minuten gehen lassen.

Fertigstellung

- Aus dem Teig ein flaches, längliches Brot formen und auf ein mit Backpapier ausgelegtes Backblech setzen.
- Mit dem Kochlöffelstiel kleine Vertiefungen in den Teig drücken und in jede Vertiefung eine Olive stecken.
- Olivenöl in die Vertiefungen gießen, mit einem Tuch abdecken und auf das doppelte Volumen aufgehen lassen.
- Focaccia mit Salzblüte bestreuen und im vorgeheizten Backofen backen.

Variation

Focaccia mit Sardellen und Zwiebeln: Geben Sie anstelle der Oliven frische Sardellenfilets und gedünstete Zwiebelringe in die Vertiefungen.

Besonderheit

Ein Klassiker unter den italienischen Broten

Süßkartoffel-Focaccia

Für 1 Focaccia
(etwa 1,2 kg Teig)

ZUTATEN
- 400 g ***Süßkartoffeln*** *(etwa 220 g Püree)*
- 1 EL ***Salzblüte*** *(Fleur de Sel)*
- 500 g ***Weizenmehl***
- 25 g ***Hefe***
- ½ EL ***Zucker***
- 150 ml ***lauwarmes Wasser***
- 50 ml ***Olivenöl***
- 1 EL ***Basilikum,*** *fein geschnitten*
- 15 g ***Salz***

WEITERES
- 30 g ***zerlassene Butter*** *zum Bestreichen*
- 1 EL ***Salzblüte*** *(Fleur de Sel) zum Bestreuen*

Backzeit und -temperatur für die Süßkartoffeln:
etwa 30 Minuten
160 Grad

Backzeit und -temperatur für die Focaccia:
etwa 15 Minuten
200 Grad

Backzeit und -temperatur für die Focaccia:
etwa 20 Minuten
220 Grad

Zubereitungszeit:
etwa 1½ Stunden

Zubereitung

- Süßkartoffeln waschen, in einen gusseisernen Schmortopf geben, mit Salzblüte bestreuen und im Backofen garen.
- Süßkartoffeln schälen und durch ein Sieb passieren.
- Weizenmehl in eine Schüssel geben und in die Mitte eine Mulde drücken.
- Hefe und Zucker im Wasser auflösen, in die Mehlmulde gießen und etwa 10 Minuten zugedeckt gehen lassen.
- Süßkartoffelpüree, Olivenöl, Basilikum und Salz dazugeben und alles in der Küchenmaschine zu einem geschmeidigen Teig verkneten.
- Den Teig mit einem Tuch zudecken und an einem warmen Ort etwa 20 Minuten gehen lassen, bis sich das Volumen verdoppelt hat.

Fertigstellung

- Den Teig nochmals durchkneten, zu einem länglichen Brotlaib formen und auf ein mit Backpapier ausgelegtes Backblech setzen.
- Abgedeckt auf das doppelte Volumen aufgehen lassen.
- Den Brotlaib mit zerlassener Butter bestreichen, mit Salzblüte bestreuen und im vorgeheizten Backofen backen.

Tipps

Sie können die Süßkartoffeln auch durch gekochten und passierten Kürbis ersetzen.

Servieren Sie die Focaccia mit Forellentatar.

Variationen

Tomaten-Focaccia: Belegen Sie die Focaccia mit getrockneten Tomaten und bestreuen Sie sie mit Rosmarin.

Sardellen-Focaccia: Sie können die Focaccia auch mit eingelegten Sardellenfilets belegen und mit Oregano bestreuen.

Besonderheit

Ein Brot zu jedem Anlass

Besonderheit

Das geschmackvolle Brot zum Aperitif

Brot mit roten Zwiebeln

Für 1 Brot
(etwa 1 kg Teig)

TEIG

- 350 ml ***lauwarme Milch***
- 25 g ***Hefe***
- 500 g ***Weizenmehl***
- 30 g ***Pinoli***
- 2 EL ***Oregano***
- 10 g ***Salz***

FÜLLUNG

- 20 ml ***Olivenöl***
- 120 g ***rote Zwiebeln,*** *in feine Streifen geschnitten*
- 2 EL ***Weißweinessig***
- ***Salz***
- ***Pfeffer*** *aus der Mühle*

WEITERES

- 30 g ***zerlassene Butter*** *zum Bestreichen*
- ***Rosmarinnadeln*** *zum Bestreuen*

Backzeit und -temperatur:
etwa 30 Minuten
180 Grad

Backzeit und -temperatur:
etwa 35 Minuten
200 Grad

Zubereitungszeit:
etwa 1½ Stunden

Teig

- Milch mit zerbröselter Hefe verrühren, bis sie sich aufgelöst hat.
- Mit Weizenmehl, Pinoli, Oregano und Salz zu einem Teig verkneten und zugedeckt 20 Minuten an einem warmen Ort gehen lassen.

Füllung

- Olivenöl in einer Pfanne erhitzen und Zwiebeln darin leicht anschwitzen. Mit Weißweinessig, Salz und Pfeffer würzen und etwa 15 Minuten schmoren lassen.

Fertigstellung

- Den Teig nochmals durchkneten, langwirken und in die Mitte eine Vertiefung drücken.
- Die geschmorten Zwiebeln in die Vertiefung geben und etwas andrücken.
- Auf ein mit Backpapier ausgelegtes Backblech setzen, mit Butter bestreichen und mit Rosmarinnadeln bestreuen.
- Abgedeckt etwa 20 Minuten gehen lassen.
- Im vorgeheizten Backofen backen.

Tipps

Sie können das Weizenmehl auch durch fein gemahlenes Vollkornmehl (z. B. Dinkel oder Weizen) ersetzen.

Würzen Sie den Teig mit Dill oder Koriander.

Sie können die geschmorten Zwiebeln auch unter den Teig kneten und daraus kleine Brötchen formen.

Variationen

Zucchini-Zwiebelbrot: Mischen Sie noch 200 g gedünstete Zucchiniwürfel unter die Zwiebeln.

Kürbisbrot: Ersetzen Sie die Zwiebeln durch gedünstete Kürbisstreifen.

Piadina

Für 8 Stück
(etwa 700 g Teig)

ZUTATEN

400 g ***Weizenmehl***
8 g ***Salz***
250 ml ***lauwarmes Wasser***
20 g ***Hefe***
2 EL ***Olivenöl***

WEITERES

Olivenöl *zum Backen*

Gartemperatur und -zeit:
200–220 Grad
etwa 5 Minute pro Seite

Zubereitungszeit:
etwa 1 Stunde

Zubereitung

- Weizenmehl und Salz in eine Schüssel geben und vermengen.
- Wasser, Hefe und Olivenöl gut verrühren und zum Weizenmehl geben.
- Alles zu einem glatten Teig verkneten und etwa 30 Minuten an einem warmen Ort aufgehen lassen.
- Den Teig in etwa 70 g schwere Stücke teilen, rundwirken und zugedeckt 20 Minuten gehen lassen.

Fertigstellung

- Den Teig zu 2–3 mm dicken Fladen ausrollen.
- Auf einer gut eingeölten Ton- oder Grillplatte oder einer beschichteten Pfanne auf beiden Seiten backen.
- Lauwarm servieren.

Tipps

Bestreichen Sie die Piadina mit Guacamole (siehe Foto) und belegen Sie sie mit Tomatenwürfeln, Dill und Salatblättern. Die Piadina zusammenfalten und lauwarm servieren.

Sie können die Piadina auch mit Rohschinken, Bresaola oder Salami servieren.

Zum Füllen eignen sich auch Ricotta, Mozzarella, Käse, Rucola, Spinat, Sardellen, gebratene Salsicce, Oliven usw.

Besonderheit

Ideal als Zwischenmahlzeit

Besonderheit

Passen zu jedem Essen.

Grissini

Für 40 Stück
(etwa 900 g Teig)

ZUTATEN

500 ml	***lauwarmes Wasser***
25 g	***Hefe***
2 TL	***Zucker***
800 g	***Weizenmehl***
100 ml	***Olivenöl***
18 g	***Salz***

WEITERES

	Wasser *zum Bestreichen*
2 EL	***Sesam*** *zum Bestreuen*

Backzeit und -temperatur:
etwa 10 Minuten
200 Grad

Backzeit und -temperatur:
etwa 15 Minuten
220 Grad

Zubereitungszeit:
etwa 2½ Stunden

Zubereitung

- Wasser mit Hefe und Zucker verrühren, bis sich die Hefe aufgelöst hat. Etwa 20 Minuten gehen lassen.
- Mit Weizenmehl, Olivenöl und Salz zu einem eher festen Teig verkneten.
- Den Teig zudecken und an einem warmen Ort etwa 30 Minuten gehen lassen.

Fertigstellung (siehe Seite 29)

- Den Teig nochmals durchkneten und daraus dünne Stränge rollen (20 cm lang und 1 cm dick).
- Die Grissini mit etwas Wasser bestreichen und mit Sesam bestreuen.
- Auf ein mit Backpapier ausgelegtes Backblech legen und abgedeckt auf das doppelte Volumen aufgehen lassen.
- Im vorgeheizten Backofen backen.

Tipps

Servieren Sie die Grissini zu Antipasti, Suppen oder als Knabberei zu einem Glas Wein.

Sie können die Grissini vor dem Backen mit grobem Salz bestreuen.

Unter den Teig können auch fein gehackte Oliven, Safran oder Curry geknetet werden.

Variationen

Vollkorn-Grissini: Ersetzen Sie das Weizenmehl durch feines Vollkornmehl.

Kräutergrissini: Zerkleinern Sie 2 Esslöffel Petersilie, 1 Esslöffel Basilikum und 1 Esslöffel Kerbel zusammen mit 200 g Weizenmehl sehr fein und vermischen es dann mit dem restlichen Mehl.

Schwarze Grissini: Färben Sie den Grissiniteig mit 4 Päckchen Seppia-Tinte.

Tomaten-Grissini: Verringern Sie die Wassermenge um 50 ml und geben Sie stattdessen 100 g Tomatenmark dazu.

Pizzabrotstangen

Für 8 Stangen
(etwa 400 g Teig)

VORTEIG
20 g ***Hefe***
50 ml ***lauwarmes Wasser***
50 g ***Weizenmehl***
1 Prise ***Zucker***

HAUPTTEIG
200 g ***Weizenmehl***
75 ml ***lauwarmes Wasser***
2 EL ***Olivenöl***
2 ***Knoblauchzehen,*** *fein gehackt*
5 g ***Salz***

WEITERES
Olivenöl *zum Bestreichen*
1 EL ***Rosmarin,*** *fein geschnitten, zum Bestreuen*
1 EL ***Oregano*** *zum Bestreuen*

Backzeit und -temperatur:
etwa 20 Minuten
180 Grad

Backzeit und -temperatur:
etwa 25 Minuten
200 Grad

Zubereitungszeit:
etwa 1½ Stunden

Vorteig

- Hefe mit Wasser, Weizenmehl und Zucker verrühren.
- Den Vorteig mit einem Tuch zudecken und an einem warmen Ort gehen lassen, bis sich das Teigvolumen verdoppelt hat.

Hauptteig

- Den Vorteig mit Weizenmehl, Wasser, Olivenöl, fein gehacktem Knoblauch und Salz zu einem glatten Teig verkneten.
- Zugedeckt an einem warmen Ort etwa 30 Minuten gehen lassen.

Fertigstellung

- Den Teig in gleich große Stücke teilen und daraus Stangen formen.
- Auf ein mit Backpapier ausgelegtes Backblech setzen und mit Olivenöl bestreichen. Teiglinge mit Rosmarin und Oregano bestreuen.
- Mit einem Tuch abdecken und etwa 15 Minuten gehen lassen.
- Im vorgeheizten Backofen backen.

Tipps

Wenn Sie die Stangen zum Aperitif reichen möchten, können Sie sie mit Rohschinken oder Speck umwickeln.

Sie können die Pizzabrotstangen auch der Länge nach halbieren, mit Tomatenbutter (siehe Seite 157) bestreichen und servieren.

Besonderheit

Lassen sich hervorragend mit Rohschinken oder Speck umwickeln.

AUFSTRICHE

Kräuterbutter

Für etwa 200 g

ZUTATEN

- 150 g ***weiche Butter***
- ***Salz***
- 1 TL ***Petersilie,*** *fein geschnitten*
- 1 EL ***Schnittlauch,*** *fein geschnitten*
- ½ ***Knoblauchzehe,*** *fein gehackt*
- 1 TL ***Senf***
- 1 Spritzer ***Zitronensaft***
- ***Pfeffer*** *aus der Mühle*

WEITERES

- ***Schnittlauchhalme*** *zum Garnieren*
- ***Salzblüte*** *(Fleur de Sel) zum Garnieren*
- ***Pfeffer*** *aus Mühle zum Garnieren*

Zubereitung

- Butter und Salz schaumig rühren.
- Petersilie, Schnittlauch, Knoblauch, Senf und Zitronensaft unterrühren und mit Pfeffer würzen.
- Mit Schnittlauchhalmen, Salzblüte und Pfeffer garniert servieren.

Zubereitungszeit:
etwa 10 Minuten

Tipps

Sie können auch andere Kräuter verwenden, zum Beispiel Basilikum, Kerbel oder Rucola.

Die Kräuterbutter können Sie nicht nur als Brotaufstrich verwenden, sondern auch zum Verfeinern von kurz gebratenem Fleisch.

Variation

Preiselbeerbutter: Ersetzen Sie den Knoblauch und die Kräuter durch 70 g Preiselbeermarmelade (durch ein Sieb passiert), 1 TL Honig und 25 g gehackte Pinoli.

Walnusstopfen mit Hanföl

Für etwa 200 g

ZUTATEN

60 g ***Walnüsse***
2 EL ***frische Kamillenblätter***
1 EL ***Hanföl***
125 g ***Magertopfen*** *(Quark)*
Salz
weißer Pfeffer *aus der Mühle*

WEITERES

1 EL ***Walnüsse,*** *gehackt, zum Garnieren*
1 TL ***Hanföl*** *zum Beträufeln*

Zubereitungszeit:
etwa 10 Minuten

Zubereitung

- Die Walnüsse unter Rühren in einer trockenen Pfanne goldbraun rösten und fein hacken.
- Die Kamillenblätter sehr fein schneiden und mit den gerösteten Walnüssen und Hanföl unter den Topfen mischen.
- Mit Salz und Pfeffer würzen und alles gut verrühren.
- Den Topfen mit gehackten Walnüssen bestreuen, mit Hanföl beträufeln und servieren.

Tipps

Der Walnusstopfen schmeckt besonders gut zu Wildschinken oder Bresaola.

Anstelle der frischen Kamillenblätter können Sie auch getrocknete Blüten verwenden.

Rotweinbutter mit Szechuan-Pfeffer

Für etwa 150 g

ZUTATEN

70 ml ***Rotweinessig***
50 ml ***Rotwein*** *(z. B. Lagrein oder Cabernet)*
120 g ***weiche Butter***
Salz
Szechuan-Pfeffer *aus der Mühle*

Zubereitungszeit:
etwa 15 Minuten

Zubereitung

- Rotweinessig und Rotwein in einen Topf geben und aufkochen. Die Flüssigkeit so lange einkochen lassen, bis nur noch etwa 30 ml übrig sind. Auskühlen lassen.
- Die Butter mit dem Schneebesen cremig rühren. Die Rotwein-Essig-Reduktion unterrühren.
- Mit Salz und Szechuan-Pfeffer würzen und servieren.

Tipps

Anstelle von Rotwein können Sie auch einen Portwein verwenden.

Sie können auch rosa Pfeffer verwenden.

Sie können die Butter auch durch Quark ersetzen.

Tomatenbutter

Für etwa 200 g

ZUTATEN

2 EL **Pinoli**
100 g **getrocknete Datteltomaten**
1 EL **Basilikum**, *fein geschnitten*
125 g **weiche Butter**
Salz
weißer Pfeffer aus der Mühle

Zubereitungszeit:
etwa 15 Minuten

Zubereitung

- Pinoli in einer trockenen Pfanne goldbraun rösten, auskühlen lassen.
- Zusammen mit den getrockneten Datteltomaten und Basilikum im Mixer fein pürieren.
- Die Butter schaumig rühren und mit dem Tomaten-Pinoli-Gemisch vermischen.
- Mit Salz und Pfeffer würzen und servieren.

Tipp

Anstelle von Datteltomaten können Sie Peperoni verwenden.

Majoranbutter

Für etwa 200 g

ZUTATEN

200 g **weiche Butter**
2 EL **Majoran**
1 TL **Thymian**
Salz
weißer Pfeffer *aus der Mühle*

WEITERES

Majoran, *fein geschnitten, zum Garnieren*

Zubereitungszeit:
etwa 10 Minuten

Zubereitung

- Die Butter mit dem Schneebesen schaumig rühren.
- Majoran und Thymian fein schneiden.
- Unter die Butter rühren und mit Salz und Pfeffer würzen.
- Mit Majoran garnieren und servieren.

Tipp

Sie können statt Butter auch Schmand verwenden.

Sauerklee-Ziegenfrischkäse

Für etwa 200 g

ZUTATEN

200 g **Ziegenfrischkäse**
2 EL **Sauerrahm** *oder Topfen*
2 EL **Sauerklee,** *fein geschnitten*
1 TL **Petersilie,** *fein geschnitten*
Salz
weißer Pfeffer *aus der Mühle*

WEITERES

Sauerklee *zum Garnieren*
Olivenöl *zum Beträufeln*

Zubereitungszeit:
etwa 10 Minuten

Zubereitung

- Ziegenfrischkäse und Sauerrahm verrühren.
- Sauerklee und Petersilie untermischen und mit Salz und Pfeffer würzen.
- Sauerklee-Ziegenfrischkäse mit Sauerklee garnieren und mit Olivenöl beträufelt servieren.

Tipp

Anstelle von Sauerklee können Sie auch Kresse verwenden.

Radieschen-Lauchzwiebel-Joghurtaufstrich

Für etwa 300 g

ZUTATEN

2 EL ***Sesam***
200 g ***Naturjoghurt***
½ ***Knoblauchzehe,*** *fein gehackt*
50 g ***Lauchzwiebeln,*** *fein geschnitten*
50 g ***Radieschen,*** *in feine Streifen geschnitten*
1 Prise ***Salz***
weißer Pfeffer *aus der Mühle*

WEITERES

1 ***Lauchzwiebel,*** *in Ringe geschnitten, zum Garnieren*
1 ***Radieschen,*** *in Streifen geschnitten, zum Garnieren*

Zubereitungszeit:
etwa 10 Minuten

Zubereitung

- Sesam in einer trockenen Pfanne einige Minuten unter Rühren leicht rösten. Auskühlen lassen.
- Den Naturjoghurt mit Sesam, Knoblauch, Lauchzwiebeln und Radieschen verrühren.
- Mit Salz und Pfeffer würzen.
- Den Aufstrich mit Lauchzwiebeln und Radieschen garniert servieren.

Tipp

Statt Radieschen können Sie weißen oder schwarzen Rettich verwenden.

Peperoncino-Tomatenbutter

Für etwa 150 g

ZUTATEN

25 g ***getrocknete Tomaten*** *in Öl*
120 g ***weiche Butter***
1 EL ***Petersilie,*** *fein geschnitten*
1 Spritzer ***Zitronensaft***
Salz
1 ***Peperoncino*** *(Chili), fein geschnitten*

Zubereitungszeit:
etwa 10 Minuten

Zubereitung

- Die getrockneten Tomaten aus dem Öl nehmen und mit Küchenkrepp trocken tupfen. Sehr fein hacken.
- Die Butter mit dem Schneebesen schaumig rühren.
- Tomaten und Petersilie unterrühren, mit Zitronensaft, Salz und Peperoncino abschmecken und servieren.

Tipp

Getrocknete Tomaten: Tomaten kann man ganz leicht selbst trocknen. Dazu werden die Tomaten gehäutet, in Viertel geschnitten und mit Knoblauch, Thymian und Rosmarin bestreut auf einem mit Backpapier belegten Backblech ausgelegt. Im Backofen bei etwa ⊛ 80 Grad 2 Stunden trocknen lassen. Anschließend in ein sauberes Schraubglas schichten und mit Olivenöl bedecken.

Avocado-Joghurt-Aufstrich

Für etwa 300 g

ZUTATEN
- 150 g ***Avocado***
- 150 g ***Naturjoghurt***
- 1 EL ***Petersilie,*** *fein geschnitten*
- ***Salz***
- ***weißer Pfeffer*** *aus der Mühle*

WEITERES
- ***Kresse,*** *fein geschnitten*

Zubereitungszeit:
etwa 15 Minuten

Zubereitung

- Die Avocado halbieren, den Kern entfernen und das Fruchtfleisch mit einem Löffel aus der Schale kratzen.
- Fruchtfleisch im Mixer pürieren und mit Naturjoghurt und Petersilie verrühren.
- Mit Salz und Pfeffer würzen und mit Kresse bestreut servieren.

Tipp

Dieser Aufstrich eignet sich besonders gut zum Füllen von Piadine (siehe Seite 146) oder als Würzeaufstrich für Hamburger.

Kürbiskernschmalz

Für etwa 200 g

ZUTATEN

50 g **Kürbiskerne**
150 g **weiches Schweineschmalz**
1 EL **Zitronenthymian,** *fein geschnitten*
1 EL **Zitronenverbene,** *fein geschnitten*
1 Spritzer **Zitronensaft**
Salz
weißer Pfeffer *aus der Mühle*

Zubereitungszeit:
etwa 15 Minuten

Zubereitung

- Kürbiskerne in einer trockenen Pfanne rösten, auskühlen lassen und fein hacken.
- Schweineschmalz mit dem Schneebesen cremig rühren.
- Zitronenthymian, Zitronenverbene und Kürbiskerne unter das Schweineschmalz rühren.
- Mit Zitronensaft, Salz und Pfeffer würzen und servieren.

Tipp

Zum Garnieren eignen sich gehackte Kürbiskerne.

Variation

Kürbiskernbutter: Ersetzen Sie das Schweineschmalz durch Butter.

Fenchel-Karotten-Topfen

Für etwa 200 g

ZUTATEN

125 g **Karotten** *oder Kürbis*
2 EL **Olivenöl**
120 g **Magertopfen** *(Quark)*
1 EL **Fenchelgrün,** *fein geschnitten*
1 Spritzer **Zitronensaft**
Salz
weißer Pfeffer *aus der Mühle*

WEITERES

Fenchelgrün *zum Garnieren*

Zubereitungszeit:
etwa 20 Minuten

Zubereitung

- Karotten in feine Würfel schneiden und kurz in Olivenöl dünsten.
- Den Topfen mit dem Schneebesen glatt rühren.
- Die gedünsteten Karotten und das Fenchelgrün unter den Topfen rühren.
- Mit Zitronensaft, Salz und Pfeffer würzen.
- Den Fenchel-Karotten-Topfen mit Fenchelgrün garniert servieren.

Kamillen-Leinsamencreme

Für etwa 200 g

ZUTATEN

- 60 g **Leinsamen**
- 125 g **Frischkäse** *(Philadelphia oder Topfen)*
- 2 EL **frische Kamillenblätter,** *sehr fein geschnitten*
- 1 EL **Olivenöl**
- **Salz**
- **weißer Pfeffer** *aus der Mühle*

WEITERES

- **Olivenöl** *zum Beträufeln*
- **Petersilienblätter** *zum Garnieren*

Zubereitungszeit:
etwa 12 Minuten

Zubereitung

- Leinsamen unter Rühren in einer trockenen Pfanne goldbraun rösten. Auskühlen lassen und etwa zwei Drittel der Leinsamen fein hacken.
- Den Frischkäse mit Kamillenblättern, gehackten Leinsamen und Olivenöl verrühren.
- Mit Salz und Pfeffer würzen.
- Kamillen-Leinsamencreme mit den restlichen Leinsamen bestreuen. Mit Petersilie garnieren, mit Olivenöl beträufeln und servieren.

Tipp

Statt Kamillenblätter eignen sich auch Ringelblumenblätter.

Schafsricotta mit Tomaten, Oliven und Kapern

Für etwa 150 g

ZUTATEN

200 g ***Schafsricotta***
2 EL ***Mascarpone*** *oder Sauerrahm*
50 g ***getrocknete Tomaten,*** *grob gehackt*
50 g ***Taggiasche-Oliven,*** *grob gehackt*
2 EL ***Kapern,*** *fein geschnitten*
1 EL ***Petersilie,*** *fein geschnitten*
Salz
weißer Pfeffer *aus der Mühle*

WEITERES

Olivenöl *zum Garnieren*

Zubereitungszeit:
etwa 15 Minuten

Zubereitung

- Schafsricotta mit Mascarpone verrühren.
- Mit der Hälfte der getrockneten Tomaten, Oliven, Kapern und Petersilie vermischen.
- Mit Salz und Pfeffer würzen.
- Schafsricotta mit den restlichen getrockneten Tomaten, Oliven, Kapern und der Petersilie bestreuen, mit Olivenöl beträufeln und servieren.

Tipps

Sie können die Tomaten ganz leicht selbst trocknen. Legen Sie dazu die gehäuteten und geviertelten Tomaten mit Knoblauch, Thymian und Rosmarin bestreut auf ein Backblech. Im Backofen bei etwa 80 Grad 2 Stunden trocknen lassen.

Statt Petersilie können Sie auch Basilikum oder Oregano verwenden.

Hummus-Sesam-Aufstrich

Für etwa 150 g

ZUTATEN
150 g ***Kichererbsen***
50 g ***Sesampaste*** *(Tahin)*
1 EL ***Zitronensaft***
1 EL ***Olivenöl***
½ TL ***Kurkuma*** *(Gelbwurz), gemahlen*
Salz
Pfeffer *aus der Mühle*

WEITERES
1 EL ***gerösteter Sesam*** *zum Garnieren*
1 EL ***Kräuteröl*** *zum Garnieren*

Zubereitungszeit:
etwa 10 Minuten
+ 12 Stunden für das Einweichen
+ 40 Minuten für das Kochen der Kichererbsen

Zubereitung

- Die Kichererbsen 12 Stunden (am besten über Nacht) in reichlich kaltem Wasser einweichen.
- Kichererbsen abseihen, in einen Topf geben und mit kaltem Wasser bedecken. 40 Minuten kochen lassen, abseihen und im Mixer fein pürieren.
- Mit Sesampaste, Zitronensaft, Olivenöl und Kurkuma vermischen und mit Salz und Pfeffer würzen.
- Den Aufstrich mit geröstetem Sesam und Kräuteröl garniert servieren.

Tipps

Sesampaste finden Sie in gut sortierten Supermärkten oder im Bioladen.

Für 200 ml **Kräuteröl** mixen Sie 200 ml Olivenöl, 20 g Petersilie, 10 g Basilikum und 10 g Schnittlauch im Thermomixer (Bimby), bis das Öl 80 Grad heiß ist, dann passieren Sie das Öl durch ein feines Sieb und rühren es auf Scherbeneis (Crash-Eis oder Eiswürfel) kalt. Sollten Sie keinen Thermomixer haben, verwenden Sie 80 Grad heißes Olivenöl und mixen es zusammen mit den Kräutern.

Das Kräuteröl dunkel und kühl lagern.

Glossar

Alfalfasprossen	Hier handelt es sich um die gekeimten Samen der Luzerne, einer Pflanze aus der Gattung der Schmetterlingsblütler.
Amarant	Die Samen des Fuchsschwanzgewächses werden ähnlich wie Getreide verwendet. Botanisch allerdings ist Amarant kein Getreide und ist daher glutenfrei.
Bockshornmehl/ Johannisbrotkernmehl	Durch das Mahlen der Schoten des Johannisbrotbaumes entsteht das Bockshornmehl.
Breatln, Bauernbreatln	Rundes flaches Brot, das typisch für Südtirol ist. Es besteht aus Roggen- und Weizenmehl sowie Sauerteig.
Bruschetta	Italienische Vorspeise aus gerösteten Weißbrotscheiben, die mit Knoblauch eingerieben und mit Olivenöl beträufelt werden; oft auch mit Tomatenwürfeln und Basilikum belegt.
Ciabatta	flaches, lang gezogenes italienisches Weißbrot
Crostini	Beliebte italienische Vorspeise aus gerösteten Brotscheiben, die belegt oder mit Aufstrich bestrichen werden.
Focaccia	Italienisches Fladenbrot, das vor dem Backen mit Olivenöl, Salz und Kräutern (meist Rosmarin) bestreut wird.
Grissini	fingerdicke Brotstangen aus Hefeteig
Guacamole	mexikanische Sauce aus Avocado, klein geschnittenen Tomaten, Koriander, Salz und Zitronensaft
Knödelbrot	in kleine Würfel geschnittenes, zwei Tage altes Weißbrot
Leindotteröl	Wird aus den Samen des Leindotters gewonnen und hat eine gelbe bis gelbrote Farbe. Das Öl besitzt einen sehr hohen Anteil an ungesättigten Fettsäuren.
Leinsamenöl (Leinöl)	Leinsamenöl schmeckt nussig und leicht grasig. Es wird sehr schnell ranzig und bitter und sollte deshalb immer im Kühlschrank aufbewahrt werden.
Manitoba-Mehl	Eignet sich besonders gut für eine lange Teigführung. Es besteht aus Weichweizen und enthält sehr viel Klebereiweiß (Gluten), das für die Elastizität des Teiges wichtig ist.
Neugewürz	Wird auch als Piment, Jamaika- oder Nelkenpfeffer bezeichnet – die Pflanze gehört zur Familie der Myrtengewächse.
Piadina	dünnes Fladenbrot, typisch für Süditalien
Quinoa	Quinoa stammt ursprünglich aus Südamerika und war ein lebenswichtiges Grundnahrungsmittel der Andenvölker. Quinoa ist glutenfrei.
Schüttelbrett	rundes, dünnes Holzbrett (Ø 35 cm)
Schüttelbrot	Hartes, lange haltbares Fladenbrot, typisch für Südtirol; der Teig wird durch Schütteln auf dem Schüttelbrett in die dünne, runde Form gebracht.
schwaden/ beschwaden	Unter Schwaden/Beschwaden versteht man das Zuführen von Wasserdampf beim Einschieben der Teiglinge in den Backofen.
Simperl	flacher, geflochtener Brotkorb
Striezel	kleine längliche Brote, die beidseitig spitz zulaufen
Tschotteplattlen	kleines, rundes Sauerteiggebäck
Vinschgerle	kleine, meist paarweise gebackene Sauerteigbrötchen aus dem Vinschgau
Zelten	dunkles Brot mit Dörrobst, Mandeln und Honig, traditionelles Südtiroler Weihnachtsgebäck

Südtirol	*Deutschland*
Dampfl	Hefevorteig
Germ	Hefe
Kren	Meerrettich
Maggikraut	Liebstöckl
Marende	Jause
Marillen	Aprikosen
Melanzane	Aubergine
Neugewürz	Piment
Peperoncino	Chilischote
Peperoni	Paprikaschote
Polentamehl	Maisgrieß
Rucola	Rauke
Schwarz-polenta	Buchweizen
Staubzucker	Puderzucker
Topfen	Quark

Unterschiedliche Temperaturen beim Backen

Bei Öfen mit Ober- und Unterhitze wird die Backtemperatur 10–20 Grad höher eingestellt als bei Umluftöfen.

Autoren

Helmut Bachmann

ist in Antholz-Mittertal auf einem Bergbauernhof aufgewachsen und wohnt mit seiner Familie in Mühlbach (Südtirol). Der Küchenmeister unterrichtete viele Jahre lang als Fachlehrer an der Gastgewerblichen-Berufsschule *Emma Hellenstainer* in Brixen. Für die italienische Köche-Nationalmannschaft nahm er an Weltmeisterschaften in Frankfurt, Luxemburg, Basel, Chicago und Wien teil und wurde mit mehreren Goldmedaillen ausgezeichnet. Bachmann ist Mitglied im Weltbund der Kochverbände als WACS-GLOBAL MASTER CHEF. Er organisiert und leitet seit vielen Jahren die Küchenmeisterausbildung in Südtirol. Als Referent gibt er sein Wissen auch bei Workshops und Kochseminaren im In- und Ausland weiter. Ferner hat er zahlreiche Fachartikel, Rezeptbroschüren und Kochkalender veröffentlicht. Er ist Bestsellerautor verschiedener einschlägiger Fachbücher.

Gerhard Wieser

ist in Rasen im Antholzer Tal aufgewachsen und wohnt heute mit seiner Familie in Meran (Südtirol). Ist Küchenchef im Gourmetrestaurant *Castel Fine Dining* im 5-Sterne-Hotel Castel in Dorf Tirol, das er u. a. zu zwei *Michelin-Sternen* und fünf *Gault-&-Millau-Hauben* führte. Der Küchenmeister (und diplomierte Diätkoch) gilt als kulinarischer Tüftler und handwerklicher Perfektionist mit großem Ideenreichtum – seine leichte Küche ist eine durchdachte Symphonie aromatischer und schmackhafter Zutaten von allerbester Qualität. Erfahrungen sammelte er bei Spitzenköchen in Europa und Asien. Neben zahlreichen TV- und Radioauftritten ist auch er als einfallsreicher Bestsellerautor und engagierter Produktentwickler für Lebensmittel und Feinkost tätig. Ausgezeichnet vom *Schlemmer-Atlas* als Spitzenkoch des Jahres 2023.

Heinrich Gasteiger

stammt aus Luttach im Ahrntal, wohnt heute mit seiner Familie in Lana bei Meran (Südtirol). Der Küchenmeister und langjährige Kochfachlehrer an der Hotelfachschule *Kaiserhof* in Meran gilt als Lenker und Denker in allen Bereichen des Kochens. Wertvolle Erfahrungen sammelte er schon in jungen Jahren in den renommierten Küchen der europäischen Spitzenhotellerie (etwa in Gstaad, Lugano, Seefeld und München). Über viele Jahre war er danach mit Leib und Seele Fachlehrer, um jungen Menschen die Liebe und Leidenschaft für den Kochberuf weiterzugeben. Heute organisiert Gasteiger Events und ist als kreativer Produktentwickler sowie als innovativer Food-Designer im Lebensmittel- und Feinkostbereich tätig. Außerdem ist er ein unermüdlicher Autor von einschlägigen Kochbüchern.

Aus unserem „Backofen"

480 Seiten, Hardcover,
über 1500 Farbfotos, 20×26 cm
ISBN **978-88-6839-200-0**

552 Seiten, Hardcover,
über 400 Farbfotos, 19×23,3 cm
ISBN **978-88-6839-099-0**

636 Seiten, Hardcover,
über 1000 Farbfotos, 19×23,3 cm
ISBN **978-88-8266-341-4**

552 Seiten, Hardcover,
über 400 Farbfotos, 19×23,3 cm
ISBN **978-88-8266-202-8**

276 Seiten, Hardcover,
über 250 Farbfotos, 19×23,3 cm
ISBN **978-88-8266-905-8**

168 Seiten, Hardcover,
110 Farbfotos, 19×23,3 cm
ISBN **978-88-6839-221-5**

176 Seiten, Hardcover,
110 Farbfotos, 19×23,3 cm
ISBN **978-88-6839-353-3**

168 Seiten, Hardcover,
110 Farbfotos, 19×23,3 cm
ISBN **978-88-6839-362-5**

156 Seiten, Hardcover,
110 Farbfotos, 19×23,3 cm
ISBN **978-88-6839-036-5**

Viele Titel sind auch in italienischer Sprache erhältlich!

192 Seiten, Hardcover,
100 Farbfotos, 16,5×24 cm
ISBN **978-88-6839-549-0**

96 Seiten, Hardcover,
80 Farbfotos, 17×22,3 cm
ISBN **978-88-6839-515-5**

96 Seiten, Hardcover,
80 Farbfotos, 17×22,3 cm
ISBN **978-88-6839-608-4**

96 Seiten, Hardcover,
80 Farbfotos, 17×22,3 cm
ISBN **978-88-6839-712-8**

256 Seiten, Integralbindung,
210 Farbfotos, 16,5×24 cm
ISBN **978-88-6839-498-1**

Drei Küchenmeister, ein Ziel: **Heinrich Gasteiger, Gerhard Wieser** und **Helmut Bachmann** wollen der traditionsreichen Südtiroler und italienischen Küche ein zeitgemäßes, innovatives und kreatives Gesicht geben – und sie mit leicht verständlichen, garantiert gelingenden Rezepten allen zugänglich machen, die das Kochen lieben. Das Ergebnis der Zusammenarbeit des „So kocht Südtirol"-Teams kann sich sehen lassen: **Über 1,3 Millionen Exemplare** von über 90 erschienenen Kochbüchern haben Gasteiger, Wieser und Bachmann in den letzten zwei Jahrzehnten zu Bestsellerautoren im Alpenraum gemacht. Mehrere Bücher wurden bereits ausgezeichnet, zuletzt **Die große „So kocht Südtirol"-Kochschule** mit der Goldmedaille der Gastronomischen Akademie Deutschlands (GAD), der Silbermedaille beim swiss gourmetbook award und dem österreichischen Kochbuchpreis PRIX PRATO.

www.so-kocht-suedtirol.it

sokochtsuedtirol

Das Autorenteam bedankt sich bei folgenden Partnern

Auer
Gartenbaubetrieb Brixen

Bio-Kräuter &
Bio-Gemüse für eine
gesunde Ernährung

www.auer.it

SPEZIALBIER-BRAUEREI
FORST
BIRRA · BIÈRE · BEER · BIER

Spezialbier-Brauerei
seit 1857

www.forst.it

Küppersbusch
FÜR KÜCHEN MIT STIL

www.kueppersbusch.it

MIKO
we live gastronomy

Qualität ist das Produkt
der Liebe zum Detail –
seit 40 Jahren

www.miko.it

RESCH
INTERIORS

Echtes Handwerk,
von der Idee
bis zur Ausführung

www.resch.it

ALPS COFFEE
HIGHEST QUALITY
SCHREYÖGG 1890

Südtiroler
Qualitätskaffee
seit 1890

alps-coffee.it

Register

Rote Seitenzahlen weisen auf Stichwörter im Rezeptteil hin.
Stichwörter mit **grauen** Seitenzahlen betreffen die Texte im Kapitel »Wissenswertes«.

Bibliografische information der deutschen nationalbibliothek
Die Deutsche Nationalbibliothek verzeichnet diese Publikation in der Deutschen Nationalbibliografie; detaillierte bibliografische Daten sind im Internet abrufbar: http://dnb.d-nb.de

Bildnachweis
Helmut Bachmann: Seite 94
Udo Bernhart: Seite 17
Capture: Umschlag vorne rechts
Fotolia: Seite 10/1 (Moving Moment), 10/2 (Luis Echeverri Urrea), 10/3 (Bernt Hofacker), 10/4 (TwilightArtPictures), 16 Hintergrund (Yaruniv-Studio), 19 (naltik), 20 oben (kab-vision), 20 unten (Monster), 21 oben (AboutLife), 21 unten (Jenny Sturm), 22 (unpict), 57 (Printemps), 77 (Zerbor), 97 (aitormmfoto), 129 (karaidel), 152 (beats_), 169 (dariaustiugova), 170 (tostphoto), 173 (Barbara Pheby)
Heinrich Gasteiger: Seite 16 unten
HLPhoto: Umschlag vorne Mitte
Küppersbusch: Seite 15 unten
PantherMedia: Seite 9 (Aje), 13 unten (iluziaa)
Marco Parisi: Seite 11
Josef Pernter: Seite 33
Tim UR: Umschlag vorne links
Alle übrigen Aufnahmen stammen von Günther Pichler, Eggen, www.gpichler.com

3. Auflage 2024

Lektorat und Korrektorat: Kathrin Kötz
Umschlaggestaltung: ganeshGraphics, Lana
Design & Layout: Athesia-Tappeiner Verlag
Druck: Athesia Druck, Bozen
Papier: Innenteil Gardamatt Ultra, Vorsatz Sirio color

MIX
Papier | Fördert gute Waldnutzung
FSC® C010042

Gesamtkatalog unter
www.athesia-tappeiner.com

Fragen und Hinweise bitte an
buchverlag@athesia.it

Dieses Buch wurde der Umwelt zuliebe nicht mit einer Schutzfolie eingeschweißt.

ISBN 978-88-6839-353-3

designed + produced IN SÜDTIROL

Bildbeschreibung Umschlag
Ricottabrot (Seite 60), Dinkel-Ciabatta (Seite 132), Kräuterbutter (Seite 154)